Weil wir von Hilfe leben

Weil wir von Hilfe leben

Ermutigung zum Beten Singen Spielen Zuhören und Erzählen

Herausgegeben von Arnim Juhre

Jugenddienst-Verlag

Umschlag: Winkelschmidt
Gesetzt in der Linotype Helvetica
Druck: F. L. Wagener, Lemgo
Buchbinderei: Klemme & Bleimund, Bielefeld
ISBN: 3 7795 7402 0

Der Buchtitel ist im Einvernehmen mit Eckart Bücken seinem Lied *»Weil wir von Hilfe leben«* entnommen.

Auswahl und Redaktion des I. Kapitels: Wolfgang Frank

Alle nicht mit Verfassernamen oder Quellenangaben versehenen Texte dieses Buches sind Originalbeiträge von Arnim Juhre.

Die Spieltexte *»Zurück nach Yamba«* von Rüdiger Siebert und *»Was ihr getan habt einem der Geringsten«* von Klaus Lefringhausen sind für den innerkirchlichen Dienstgebrauch spielfrei. Jede professionelle Aufführung bedarf der Genehmigung des Jugenddienst-Verlages, 56 Wuppertal 2, Föhrenstraße 33–35, Tel.: 0 21 21 / 55 18 88.

Inhalt

Das Sahel-Kapitel

III. Sagen und singen

IV. Für ein Brot

Wozu dieses Buch dienen soll

Der Gedanke, ein Buch zu entwickeln, das an die wichtigsten Ereignisse und Erfahrungen des Düsseldorfer Kirchentags anknüpft und einige ausgewählte Texte für die Arbeit in den Gemeinden nutzbar macht, entsprang der Einsicht, daß es bislang an bewußter Kirchentags-Nacharbeit gefehlt hat.
Die Deutschen Evangelischen Kirchentage stehen im Gedächtnis vieler Teilnehmer und Besucher wie Olympische Spiele in der Kirchengeschichte, auf denen es übergemeindliche Höchstleistungen zu vollbringen oder zu bestaunen gab. Kirchentage, als mehr oder minder ökumenische Festivals empfunden, haben nicht immer nur Freude, sondern auch Furcht erweckt. Selbst in Düsseldorf hörte man noch Äußerungen wie diese: »Wir haben Furcht, daß zu Hause alles beim alten bleibt. Der Kirchentag war eine Ausnahmesituation. Wir können die guten Einsichten in unserm persönlichen Leben und in unseren Gemeinden doch nicht verwirklichen.«
Solche Stimmen gab es schon oft zu hören, aber sie sind offenbar nicht richtig vernommen oder nicht beherzigt worden. Nachgerade leuchtet jedoch ein, daß besonders der Düsseldorfer Kirchentag gute Möglichkeiten bietet, solche in »Ausnahmesituationen« gemachten Erahrungen als Impuls-Geber für verschiedene Formen von Gemeindearbeit zu nutzen. Vielleicht haben die sogenannten »Randsiedler« – oder die sich zu unrecht als solche vorkamen – am ehesten gemerkt, wieviele Anregungen wie auf offenem Markte angeboten wurden, zum Beispiel in der Halle 6 des Neuen Messegeländes. Für sensible Kirchentagsbesucher endete die Verwirrung gerade dort. Sie kamen und sahen und schlossen nicht rückwärts, sondern entschlossen sich nach vorn: »Schmerzlich wurde mir klar, daß ich hier (Halle 6) am ersten Tag hätte beginnen sollen. Hier erfuhr ich, wie alles Gehörte sich umsetzen ließ in notwendige und mögliche Aktionen. Lauter erprobte, gründlich durchdachte Angebote ... Aus diesen Angeboten entwickelten sich lebendige Vorstellungen, wie dieser Kirchentag in der Gemeinde oder im Kirchenkreis aussehen könnte. Wie er sich vorbereiten ließe an der Basis, wie er von der Nachbarschaft und vom einzelnen probiert werden könnte, wie viele Möglichkeiten sich nutzen ließen, ohne daß man einem Zwang oder einem Soll unterläge oder fremdes Kapital benötigte. Wenn man das Kapital der ungenützten Chancen nützte. Wie sich in kleinen Gruppen Gemeinschaft entwickeln – wie Breitenwirkung ohne Massensuggestion entstehen könnte. Mir schien, als könnte das ein Weg

sein, dem Großstädter nahezukommen, ihn Nachbar werden zu lassen, der ansprechbar ist und einbezogen wird.«

Dazu soll dieses Buch dienen, das Kapital der ungenützten Chancen besser wahrzunehmen und zu nützen. Dennoch kann es nicht für jeden und für alles gut sein. Vorsichtshalber sei kurz erwähnt, wozu es *nicht* dienen soll:

- es soll so wenig wie möglich mit der 880seitigen Kirchentags-Dokumentation und den vier Themen-Bänden im Kreuz-Verlag sich überschneiden oder mit ihnen konkurrieren,
- es soll keinen abgemagerten Bildband darstellen. Deshalb wurden nur solche Fotos ausgewählt, die dem jeweiligen Kapitel, dem sie zugeordnet sind, als Beleg dienen können,
- es soll sich nicht mit jenen Veranstaltungen und Ereignissen des Düsseldorfer Kirchentags befassen, die durch das Medium Buch nicht aufgearbeitet werden können oder die in gleichzeitig entstehenden Büchern ausführlich behandelt werden (zum Beispiel in dem Werkbuch *Liturgische Nacht*).

Aus der kontinuierlichen Arbeit an diesem Buch haben sich drei Schwerpunkte entwickelt, an denen abzulesen ist, welche Anstöße der Kirchentag gab und wie sie genutzt werden können:

- Das Sahel-Kapitel greift vor allem die ökumenischen und entwicklungspolitischen Anstöße des Düsseldorfer Kirchentags auf und bietet sowohl für thematisch-akzentuierte Gemeindeveranstaltungen als auch für nichtkirchliche Bürgerinitiativen neue Texte an. Die Texte des Sahel-Kapitels, die hier zum erstenmal veröffentlicht werden, sind so angelegt, ausgeführt und kommentiert, daß aktive Gemeinden auch außerhalb des gewohnten Rahmens Ökumene erproben und einüben können. Die Mitarbeiter an diesem Kapitel haben das auf Jahre hinaus offene Sahel-Problem als eine Herausforderung an jeden empfindsamen, denkenden und willensbewußten Zeitgenossen empfunden, jedoch als eine besondere an die Christen.
- Das Kapitel Sagen und Singen greift absichtlich in schwebende Verfahren ein und soll die Basis vergrößern, auf der Meinungen gebildet und Ansichten geäußert werden, insbesondere in bezug auf neue geistliche Lieder. Ob und inwiefern diese Lieder verantwortbarer Ausdruck von Übereinstimmungen in den Gemeinden sein können oder sollten, wird zur Diskussion gestellt.
- In allen Beiträgen dieses Buches soll ein Spurenelement zu finden sein, von dem eine anregende Wirkung ausgeht für den Weg von Düsseldorf 1973 nach Frankfurt 1975.

Freilich kann nicht alles, was man nun schwarz auf weiß besitzt, vom Kirchentag getrost nach Hause und dann geschwind auf die Verhältnisse der Ortsgemeinde übertragen werden. Hier sind keine Rezepte auf- oder abgeschrieben worden. Erfolg frei Haus wird nicht garantiert. Aber manches ist möglich. Es könnte Folgen haben, wenn einige der hier vermittelten Anregungen aufgegriffen und unter den speziellen Bedingungen am Ort weiterentwickelt würden. Vom Spielen bis zum Beten, vom Zuhören bis zum Erzählen, vom Sagen bis zum Singen ist ein weites Feld.

Erzählen, Zuhören, Fragen stellen

Erzählen, Zuhören, Fragen stellen

Wenn jemand eine Reise tut, dann kann er was erzählen! Das war auch Anno '73 so. Der 15. Deutsche Evangelische Kirchentag war vielen eine Reise wert, und er bot Stoff genug für Geschichten und Berichte, Reflexionen und Kommentare, Nachrichten und Meldungen. Über Düsseldorf läßt sich reden.

So knapp und rigoros die Auswahl aus zahlreichen offiziellen, offiziösen und privaten Texten in bezug auf dieses Kapitel notgedrungen sein mußte, so deutlich tritt die Unterschiedlichkeit der Wahrnehmungen und Äußerungen, der Temperamente und der Hemmungen, des Engagements und der Vorbehalte dennoch hervor. Zumal der Vorrat an »Pfennigswahrheiten« offenbar größer war als auf irgendeinem früheren Kirchentag. Die vielen Mal- und Schreibwände, besonders die Text-Werkstatt im KIZ* hätten glauben machen können, die Projekt-Gruppen des Kirchentags wären allesamt bei Lichtenberg (1742–1799) in die Schule gegangen: »Schmierbuch-Methode bestens zu empfehlen. Keine Wendung, keinen Ausdruck unaufgeschrieben lassen. Reichtum erwirbt man sich auch durch Ersparung von Pfennigs-Wahrheiten.«

Auf diese Weise ist allerlei zusammengekommen, und so bietet schon diese kleine Text-Auswahl erstaunliches Material, nicht zuletzt für Text-Kritik und Text-Analysen. Vom literarischen Trick mit den verschiedenen Brillen, durch die man den Kirchentag so oder so oder auch ganz anders sehen kann (»Über den Kirchentag an sich« von Peter Schippel), bis zu der scheinbar schlichten epd-Meldung, derzufolge Gerhard Bergmann mit dem Kirchentags-Präsidenten nichts dringlicher zu klären habe als »die Unterscheidung zwischen theologischer Pluralität und theologischem Pluralismus« ist wahrlich einiges drin. Der aufmerksame Leser wird zum Fragen gereizt: Was kommt darin zum Ausdruck? Und was soll nicht zum Ausdruck kommen?

Über die Bedeutung von Zuhören und Erzählen hat kaum jemand sich origineller und wirkungsvoller geäußert als Gertrude Stein (1874–1946), jene amerikanische Schriftstellerin deutscher Abstammung, die Thornton Wilder »Die Mutter der Moderne« nannte. Maler wie Picasso und Georges Braque, Schriftsteller wie Ezra Pound, James Joyce und Hemingway hatten ihr entscheidende Anregungen und wichtige Einsichten zu verdan-

* *K*ommunikations- und *I*nformations-*Z*entrum.

ken. Gertrude Stein erkannte Zuhören und Erzählen als konstitutiv, als die Art, wie das Leben gelebt wird.

Jeder muß immer einer Sache zuhören, so ist es nun einmal immer muß jeder einer Sache zuhören das ist es wie das Leben gelebt wird die Art das ist es was einen jeden zu dem macht der er ist was er ist, selbstverständlich bewirkt es das denken Sie bloß an Ihr Leben wie es wirklich ist, Sie hören immer jemandem zu hören immer einer Sache zu und Sie erzählen immer jemandem oder irgendwem etwas. Das ist Leben die Art wie es gelebt wird.

Wirklich zuhören wird oft als eine Anstrengung empfunden, doch selten lernt einer viel Neues hinzu, der nur hört, was er hören will. Oft ist er so sehr mit seinen eigenen Vorsätzen beschäftigt, daß ihm die Sätze anderer nicht wichtig erscheinen.

Zuhörenwollen und Nichtzuhörenkönnen hängt nicht nur von vorübergehenden Stimmungen ab, sondern auch von der inneren Verfassung einer Person; das innere harmonische oder dissonante Verhältnis von Fühlen, Denken und Wollen schlägt als ein Vermögen oder Unvermögen nach außen durch. Und so hört ein Zuhörer mehr als ein bloßer Hörer. Er hört nicht nur Rede, er hört durch die Worte hindurch. Er nimmt mit dem ganzen Geflecht von Worten und Wendungen auch die Haltung des Sprechers wahr, wo der Hörer nur Wörter hört. Er sieht mehr ein, als der Augenblick zu vermitteln scheint.

Die nachfolgend abgedruckten Äußerungen über den Kirchentag belegen aber auch, daß wahrnehmen und beobachten nicht dasselbe ist. Beobachter sind von einem mehr oder minder bestimmten Interesse motiviert, sie richten ihre Anwesenheit auf ein zweckmäßiges Dabeisein aus. Absicht und Zweck bestimmen, wen oder was sie beobachten. Je stärker ihre Aufmerksamkeit sich auf bestimmte Ereignisse, Personen und Gegenstände konzentriert, desto mehr bleibt anderes außer acht.

Ein »Wahrnehmer« hingegen ist nicht interesselos, nur ist seine Aufmerksamkeit zweckfreier und gleichmäßiger auf vieles und jedes gerichtet. Er nimmt auch die scheinbar uninteressanten Nuancen wahr, die scheinbar bedeutungslosen Kleinigkeiten, die zu beachten der Beobachter weder Zeit noch Kraft verschwendet, sofern die eine oder andere Spezialität nicht auf seinem Programm steht.

Etwas anderes ist es, Fragen zu stellen und Fragen gestellt zu bekommen. Wenn Propst Trautwein Landesjugendpfarrer Kopp fragt, ob es bei der Kirchentags-Taufe in der Halle 6 mit rechten Dingen zugegangen sei, steht eine Handlung zur Debatte, über deren Bedeutung man sich zu verständigen sucht. Trautweins Fragen sind nicht nur Kirchenordnungsfragen. Dennoch sind es Fragen, in denen ein bestimmtes Interesse sich ausspricht. Die Fragen eines gleichmäßig interessierten »Wahrnehmers« oder

eines interessierten »Beobachters« hätten anders gelautet. Jede nachgespielte »Probe aufs Exempel« würde zeigen, wie unterschiedliche Interessen unterschiedliche Beobachtungen und Bewertungen bewirken, die in unterschiedlicher Nachfrage erkennbar werden können.
Wahrnehmen und erkennen, beobachten und berichten, zuhören und erzählen gehören zum Haushalt einer jeden Person, die Wahrgenommenes reflektiert und sich selbst oder die Sache, die sie bewegt, vernehmlich macht. Es gibt keinen Kirchentag, der außerhalb der Welt solcher Menschen stattfände. Und »wie wir wissen, beruht die Übereinkunft darüber, was allgemein für wirklich und wahr gilt, auf einem sehr komplexen *sozialen* Geschehen« (Konrad Lorenz). Mithin bleibt es des Fragens würdig, aus welchem Interesse Christen sich versammeln, zum Beispiel zum Beten und zum Singen, zum Spielen, Zuhören und Erzählen.

AN ALLE, JUNG + ALT! → Stimm…

Aber es k…
schaffen, …
gegenseitig…
…

ES GIBT KEINE GENERATIONS-PROBLEME,
WENN WIR UNSER LEBEN UNTER
CHRISTUS
STELLEN!

Wie mache ich das?

Das mag sein. Aber die Behauptung
Jesu, daß die Nachfolge leicht ist, stimmt
nicht! Sagt er nicht: „Ich will euch das
LEBEN und volle Genüge geben"?
Nachfolge bedeutet Streß, Kampf, Verzicht etc.
Ist das leicht?

Ich glaub' an die Sonne
Auch wenn sie nicht scheint,
Ich glaube an Gott auch wenn er s…
Ich glaub an die Liebe, die im Verbo…
Und habe so oft Gottes Nähe verge…

→ Sie Glückliche(!)

Sie sind wirklich zu beneiden!!

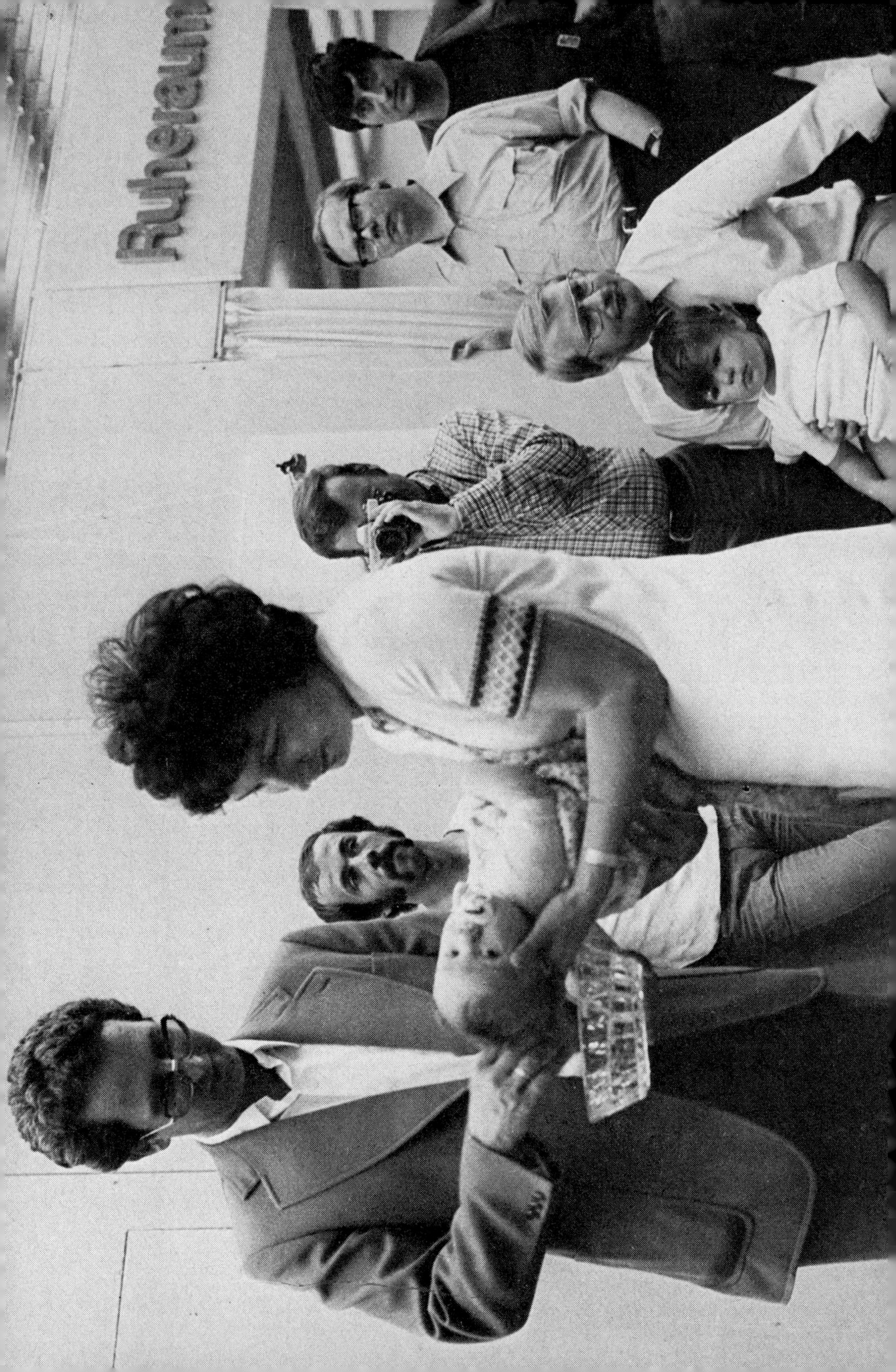

Bericht vom Kirchentag

Das Bemerkenswerte am Kirchentag schien mir zu sein, daß niemand fragte: »Gehört das noch in die Kirche?«
»Das« – damit war gemeint: Resolution zum Bildungsurlaub und zu den deutsch-südafrikanischen Beziehungen, Debatten über Umweltzerstörung und Parapsychologie, aber auch: Malwände und Meditationsräume, Kindertheater und Rollstuhlfahren, Babbelplast und Baseballspielen, Verkauf von Schalom-Trikots und kreatives Salatessen.
Der 15. Deutsche Evangelische Kirchentag in Düsseldorf scheint ein Ereignis ganz besonderer Art gewesen zu sein. Er unterschied sich von früheren Kirchentagen dadurch, daß es munter auf ihm zuging, es wurde viel gelacht, gespielt, improvisiert, die Teilnehmer wurden zu Akteuren.
Der Kirchentag glich einer friedlichen Messe von Meinungen und Möglichkeiten. Wer etwas zu sagen hatte, konnte Mikrophon oder Malwände benutzen, er hängte ein Plakat an die Wand oder um seinen Hals, er zog mit Maske und Kostüm durchs Gelände oder hob einfach eine Papptafel in die Höhe (Aufschriften: »Jesus liebt dich«, »Ökumene ist geistliche Hurerei«, usw.).
Diese Vielfalt der Äußerungen, diese Aktivität der Teilnehmer kam nicht von ungefähr. Erstmals war der Kirchentag nicht zentral, von oben her geplant worden, sondern er wurde getragen und gestaltet von Kleingruppen ganz unterschiedlicher Art, die den Kirchentag seit mehr als einem Jahr vorbereitet hatten.
Was konnte man auf dem Kirchentag lernen? Vielleicht nicht gerade Nachdenklichkeit (manch einer mag dies als Mangel empfunden haben), aber sicherlich dies: Daß spielen, tanzen, essen, trinken, einander anreden, auch miteinander uneins sein in der Kirche ihr Recht haben sollen. Weiter: Daß Spiel und Freude nicht unpolitisch machen, daß beten und arbeiten zusammenpassen. Auf dem Kirchentag entdeckte sich die Gemeinde als Gemeinschaft. Schade, daß sich so wenige Krayer vom Kirchentag inspirieren ließen.
Schön, daß wir demnächst ein Gemeindefest hier in Kray haben, auf dem wir etwas Ähnliches probieren können!

Jutta Dahl, Essen-Kray

Wenn man das Kapital der ungenützten Chancen nützte

Ich habe den Kirchentag in Düsseldorf als Randsiedler erlebt. Keine der wichtigen Morgen- und Abendveranstaltungen konnte ich miterleben, das war mir als ein großer Mangel bewußt. Daß das Ergebnis trotzdem keine Depression war, sondern die Vorstellung von vielen Möglichkeiten sich entwickelte, geht einzig auf den Besuch der Halle 6 zurück.
Die Bibelarbeiten, so gut sie auch waren, die Referate, welche neuen Perspektiven sie auch gaben, die Diskussionen, die ich erlebte, alles hatte seine Bedeutung, aber es ging eben nur in den Kopf, durch die Fülle erdrückte und lähmte es.
Erschöpft und überfordert ging ich in die Halle 6, ging traurig umher und blieb schließlich beim Bildertheater sitzen und wartete. Bei diesem Warten ereignete sich eine Verwandlung. Die friedliche, heitere und warme Atmosphäre belebte mich, viele kleine Bilder brachten mich zum Lachen, und beim Anschauen des Königspiels, das äußerst einfach und eindringlich »Macht und Masse« darstellte, kam ich wieder zu mir und ging dann noch einmal durch die Räume. Schmerzlich wurde mir klar, daß ich hier am ersten Tag hätte beginnen sollen. Hier erfuhr ich, wie alles Gehörte sich umsetzen ließ in notwendige und mögliche Aktionen. Lauter erprobte, gründlich durchdachte Angebote.
Aus diesen Angeboten entwickelten sich lebendige Vorstellungen, wie dieser Kirchentag in der Gemeinde oder im Kirchenkreis aussehen könnte. Wie er sich vorbereiten ließe an der Basis, wie er von der Nachbarschaft und vom einzelnen probiert werden könnte, wie viele Möglichkeiten sich nutzen ließen, ohne daß man einem Zwang oder einem Soll unterläge oder fremdes Kapital benötigte. Wenn man das Kapital der ungenützten Chancen nützte. Wie sich in kleinen Gruppen Gemeinschaft entwickeln, wie Breitenwirkung ohne Massensuggestion entstehen könnte. Mir schien, als könnte das ein Weg sein, dem Großstädter nahezukommen, ihn Nachbar werden zu lassen, der ansprechbar ist und einbezogen wird.

Herta Jänicke, Berlin

War die Taufe im KIZ ein netter Zwischenfall, ein wirkungsloses Happening oder ein Signal?

Propst Dieter Trautwein (Frankfurt) stellt Landesjugendpfarrer Manfred Kopp (Darmstadt) Fragen zur Düsseldorfer Kirchentags-Taufe der Kinder Markus und Carsten Coenen.

Trautwein: Herr Kopp, Sie haben am Donnerstag, dem 28. Juni, abends um 19.00 Uhr, im Obergeschoß der Halle 6 der Düsseldorfer Neuen Messe die Kinder Markus (3) und Carsten (1/4) Coenen getauft. Die Eltern und Paten der beiden Kinder und viele Kirchentagsbesucher waren Zeugen und haben diese Feier mitgestaltet. Was kam danach? Was wurde aus dieser ungewöhnlichen Taufe? Haben Sie noch Verbindung zur Familie Coenen? Die Kirchentagsgemeinde ist in alle Winde zerstreut – haben diese Kinder jetzt eine Ortsgemeinde?

Kopp: Nach der Taufe kam zunächst das Presse-Echo. Ich hatte befürchtet, daß die Sensationslust den Vorrang haben würde, aber die Berichte waren entweder zutreffend oder nichtssagend! Ich habe jetzt eine kleine Sammlung davon an Familie Coenen geschickt. Über die Dauer meines Kontaktes mit der Familie mache ich mir keine Illusionen. Ich kann den Kindern als einzelner und über 220 Kilometer hinweg nicht das bieten, was bei der Taufe Gegenwart war: eine aufgeschlossene engagierte Gemeinde. Die spürbar herzliche Zuwendung der Versammelten auf Kinder, Eltern und Paten hin war eine der Besonderheiten an diesem Abend. Das war nicht die vielzitierte, oft gepriesene Kerngemeinde, die den Kirchenraum mit der Messehalle vertauscht hatte. In ihrer Zusammensetzung und ihrer freudigen Teilhabe war sie mit den Begriffen »Rand« und »Kern« nicht zu fassen.

Trautwein: Demnach bleibt die Frage nach der jetzigen und künftigen Heimatgemeinde der beiden Kinder offen. –
Die Pressefotos halten fest, daß Sie die Taufe in ziviler Kleidung vorgenommen haben. Wurden Sie Täufer wider Willen oder nur ganz zufällig? Wie kamen Sie zu dieser Taufe? Was sagt man von kirchlicher Seite in Düsseldorf zu dieser »Winkeltaufe«, abseits von Ortsgemeinde und ortsüblichem Taufbecken?

Kopp: Ich wurde nicht wider Willen Täufer der beiden Kinder. Am Mittwochabend saß ich mit anderen im Zimmer des Hausmeisters am Eingang der Schule, in der junge Mitarbeiter und Behinderte untergebracht waren. In der Halle davor hockten Jugendliche auf dem Boden und auf Tischen, redeten miteinander, sangen und versuchten bei drückender Hitze den Durst mit Cola, Limo oder Bier zu löschen.

Frau Coenen kam herein, um Geld zu wechseln. Gemeinsam mit ihrem Mann, der eine Lebensmittelfiliale leitet, vertritt sie ihre Eltern als Hausmeister. Wir kamen ins Gespräch, und weil wir alle »von der Kirche« waren, erzählte sie uns, daß sie nicht kirchlich getraut sei und ihre Kinder nicht getauft werden konnten, weil der Gemeindepfarrer sich weigerte: »Ohne Trauung keine Taufe!« Sie erzählte uns von den Erfahrungen der letzten Tage. Wie junge, langhaarige Männer sich um Behinderte kümmern, wie sie sich für die Vorbereitung zum Kirchentag engagieren, wie sie sich aufgeschlossen zeigen gegenüber den vielen persönlichen Problemen – das hat ihr ein neues Bild von »Christen« vermittelt. Wenn vorher noch Zweifel waren, jetzt wollte sie ihre beiden Kinder auf jeden Fall taufen lassen. Es gab viele Fragen und Rückfragen, aber am Schluß stand die Verabredung: Wenn der zuständige Pfarrer die Einverständniserklärung gibt, werde ich die beiden Kinder am Donnerstagabend im KIZ taufen.

Am Donnerstagmorgen erhielt Frau Coenen das Dimissoriale, und wir trafen uns zum zweiten Taufgespräch.

In Düsseldorf hat sich die Kirche meines Wissens an diesem Tag und danach nicht stärker dafür interessiert, als die Gemeinden in München oder Flensburg das getan hätten. Meine Frage ist, wie weit die Exclusivgemeinde überhaupt noch Einfühlungsvermögen in die Hoffnungen, Wünsche und Probleme der vielgeschmähten »Karteileichen« hat und wie weit sie selbst in den »Winkel« gerückt ist.

Trautwein: Wie haben Sie, fern von Talar, Beffchen und Agende, diese Taufe vorbereitet und gestaltet? Was ist dabei geglückt, was geriet nach Ihrer Meinung weniger gut?

Kopp: Nach dem zweiten Taufgespräch am Vormittag bin ich in das KIZ zurückgegangen. Auf Talar, Beffchen und Agende konnte ich schnell verzichten, aber damit war die Frage nicht geklärt, was denn unverzichtbar an der Taufhandlung ist und welche äußeren Voraussetzungen gegeben sein müssen.

Gegen die Gefahr, eine Show für die Öffentlichkeit im allgemeinen und die Presse im besonderen zu veranstalten setzte ich mich erfolgreich zur Wehr. Ein Mindestmaß an Intimität, an Ruhe und Konzentration sollte um der Eltern und Kinder willen gewahrt sein. Ein Platz am Rande der Halle wurde vereinbart.

Im Ruheraum des KIZ und auf Spaziergängen durch die Halle 6 bereitete ich mich vor. Als Text wählte ich die Losung des Kirchentages »Der Mensch lebt nicht vom Brot allein . . .«. In einem Kommunikationszentrum auf dem Kirchentag davon zu sprechen, daß die Kommunikation Gottes

mit den Menschen, seine Zuwendung in Jesus von Nazareth, lebenserhaltend ist, liegt nahe.
Als geglückt empfand ich insbesondere jenen Teil der Ansprache, in dem nach meiner Aufforderung etwa acht Personen ein Wort an die Eltern richteten. Als einzelner hättte ich nie so überzeugend sagen können, was hier aus der teilhabenden Gemeinde heraus formuliert wurde. – Aber gerade da, wo ich von »geglückt« reden möchte, muß ich auf ungelöste Fragen hinweisen. Anwesende haben zu den Eltern gesprochen. Den Kindern habe ich gesagt: »Ihr sollt zu uns gehören! Wir sind hier Menschen, die sich von Christus in seine Nachfolge haben rufen lassen, die sich von diesem Ziel abbringen lassen und trotzdem immer wieder auf die Suche nach ihm gehen. Ihr gehört zu uns!« Ich habe so getan, als gäbe es solche offenen Gemeinden in der Regel. Ich habe Kommunikation versprochen, ohne die Zusage einlösen zu können. Dies war der »mißglückte« Teil. Die Taufe stand nicht im größeren Zusammenhang einer langfristigen Vorbereitung. Sie war spontan. Hier lag das Neue und hier lag gleichzeitig ihre Schwäche.
Trautwein: Auch in der Kirche wird nach praktikablen »Modellen« gefragt. Hatte die Taufe im KIZ Modellcharakter? Erwarten Sie ähnliche Vorgänge bei einem Kirchentag im Gebiet Ihrer eigenen Kirche, der Evangelischen Kirche in Hessen und Nassau? Lassen sich ähnliche Kontakte mit der Bevölkerung am Ort vorbereiten, wie sie die Familie Coenen erlebt hat?
Kopp: Die Taufe ist so nicht wiederholbar. Sie ist kein übertragbares Modell. So schnell lassen sich Distanzen zwischen den offensichtlichen und den gemeindefernen Christen nicht überbrücken.
Übertragbar ist jedoch die Erfahrung, daß herkömmliche wohlvertraute Formeln überraschend lebendig werden können, daß die häufig beklagte Sterilität unserer Taufhandlungen nicht in der Taufe selbst liegt, sondern in der sie praktizierenden Gemeinde. Übertragbar ist die Feststellung, daß Bezeichnungen wie »Randsiedler« oder »Karteileichen« oder »*nur* Jugendliche« Disqualifikationen darstellen, die unzutreffend sind.
Übertragbar ist die Herausforderung an die Kern-Gemeindeglieder, ihren Hochmut abzulegen und ihre Enge aufzugeben. Es gibt noch Neues zu erfahren!
Ein Kirchentag kann für solche »anderen Gemeinden« nur Anregungen geben. Am Ort sollte es weitergehen. Ich bin der Meinung, daß ähnliche Kontakte hergestellt werden können, aber der erste Schritt muß darin bestehen, daß »wir von der Kirche« aufhören zu kategorisieren, zu qualifizieren und zu disqualifizieren.

Fragen, die offen bleiben

Wie viele Coenen-Kinder und Coenen-Eltern warten vergebens auf die Begegnung mit der Jugend vom KIZ? Gibt es diese evangelische und ökumenische Jugend, die aktive Dienste für andere leistet, nur zu Kirchentagszeiten? Müßten wir solche Gruppen und Gruppentreffen nicht ernster nehmen und als vollgültige Gemeinde ansehen, in die hinein Kinder und Erwachsene getauft werden sollten? Wären Tagungen der evangelischen Akademien, Wochenendfreizeiten von Konfirmanden mit ihren Eltern oder die Verkaufsstellen der »Aktion Dritte-Welt-Handel« nicht die besseren Tauforte und Taufanlässe? Werden die sogenannten Taufgottesdienste, die sich im Abseits von der Gottesdienstgemeinde und abseits von lebendigen Gemeindegruppen vollziehen, nicht immer unglaubwürdiger? Den Eltern Coenen wurde sehr deutlich bewußt, daß sie einem verbindlichen und verbindenden Geschehen zugestimmt haben: Sie haben jenes Schild, das die Taufe ihrer Kinder öffentlich bekanntgemacht hat, zur Erinnerung zu Hause im Wohnzimmer aufgehängt: »Heute um 19.00 Uhr werden Markus und Carsten Coenen im KIZ getauft.« Hat die Taufe im KIZ ein Signal gesetzt?

Dieter Trautwein, Frankfurt

Vom Kirchentag an sich

Ich habe versucht, den »Kirchentag an sich« zu entdecken, zu ergründen und zu beurteilen. Das ist mißlungen. Auffindbar waren nur Kirchentags-Erlebnisse und -Eindrücke im Spiegel des eigenen Christentums oder der eigenen Gemütslage. Über alledem als der stärkste Reflex steht das Urteil dessen, vor dem wir Rechenschaft ablegen müssen für jedes unnütze Mikrophon, das wir aufgebaut haben und für jeden selbstgefälligen Genuß der elektronischen Verstärkung unseres Geschwätzes.

Doch außer jenem Spiegel eigener Tradition, Glaubensprägung oder Gemütslage gibt es noch gewisse Brillen, Brillen des Vorurteils oder der theologischen Einsichtigkeit, die man schon vor Betreten des Messegeländes auf der Nase hatte, ohne es zu merken!

Die erste Brille: Das ist mein theologisches Vorurteil. Ich sehe – und siehe, da ist ein urchristlicher Aufbruch und Enthusiasmus als Imitation und Machwerk. Bestenfalls als gutgemeinte und typus-konforme Romantik. Siehe – da ist der kurzlebige Blütenschaum palästinensischer Felder. Gedränge. Das Volk lagert sich. Mütter flüstern es ihren Kindern ins Ohr, Greise und Greisinnen lallen es weinend, Freunde rufen es Freunden zu, Krüppel ächzen es voll Hoffnung und Gesunde feiern es tanzend: *Gott ist da!*

Ja. Aber das nun alles zwischen Wasserkissen, Sound, Coca-Cola, Lautsprechern, Pop und wohlstandsverlotterter Jugend. Theologisch undiskutabel. Mache. Ich vertausche die Brille mit einer anderen.

Die zweite Brille: Ich sehe – und siehe, da ist Heinz Zahrnt, mit Radmantel, mit Zierdegen, mit einem Pferdefuß, der hin und wieder einen Puff Schwefeldampf aus dem Boden klopft. Tänzelnder Mephisto, Verkünder einer aalglatten, eleganten Aftertheologie. Und über ihm in der verwirrenden Deckenkonstruktion der Messehallen tausend kleine Teufelchen, die selbst ehrwürdige Kaiserswerther Diakonissen an ihren Fäden bewegen wie Marionetten. Diese Brille ist ohne Zweifel eine der optisch-technischen Meisterleistungen. Sie hat ihre tragische Rolle schon in der Politik gespielt. Sie trübt sich sofort, wenn das wirkliche, gefährliche Böse erscheint, auf daß man dieses wirkliche, gefährliche Böse nicht sehe. So vertausche ich diese Brille nach wenigen Sekunden mit einer anderen.

Die dritte Brille: Ich sehe – und siehe, da ist das große, protestantische Versöhnungsfest: Die Versöhnung zwischen Glauben und Profanität auch in ihrer provozierenden Gestalt. Das ist das spezielle Geheimnis des Charmes der Kirchentage. Das I-Tüpfelchen der Reformation. Aber weil auch diese Brille zuviel des Guten tut, sehe ich durch sie hindurch die ganze Affenliebe des Protestantismus zur Profanität. Und die herrliche Beseitigung aller Überwelten, Mysterien, Sakralismen und Bildungsschranken. Hätte die Kirchentagsleitung künftig die Wahl, den Kirchentag in eine große, paneuropäisch-musische Bildungsstätte zu verlegen oder in einen Schlacht- und Viehhof, der gerade eine lange Betriebspause hat, sie würde natürlich den Schlacht- und Viehhof wählen. Es muß wohl so sein: Wir haben den Charme des Profanen entdeckt, die schöne Zweckmäßigkeit eines Mülleimers aus Plaste. Und die unkonventionelle Hemdsärmeligkeit und Ausgelassenheit dessen, der mit gutem Gewissen ausgelassen ist, weil er täglich und zuverlässig dieser zweckmäßig-schönen Wirklichkeit dient. Ein neuer Typus der Begegnung prägt die Kirchentage, vielleicht Luther noch nahe, aber weit weg von Melanchthon.

Nachdem wir alle drei Brillen wieder abgenommen und beiseite getan haben und uns ihrer je besonderen Wirkung bewußt sind, können wir vieles, was über den Kirchentag geschrieben wurde, reduzieren und zurechtrükken. Mit anderen Worten: Es beginnt das bittersüße Geschäft des Denkens. Wir werden den Kirchentag »an sich« nicht ins Blickfeld bekommen, denn dieses »an sich« ist das Geheimnis einer eigentümlichen Freiheit, deren Aroma und Stimulanz wir spüren, deren Indizien wir feststellen, die wir aber nicht wie ein Objekt nachweisen können. Denn diese Freiheit ist, wenn sie echt ist, das Geheimnis der Kinder Gottes. Diese Freiheit, die so wunderbar lockert und das Kirchenvolk zu Begegnungen entschränkt, ist das Morgenrot eines beginnenden Kirchentages.

Nur: Wir müssen zusehen, daß jene großartige vitale Lockerung, wie wir sie in Düsseldorf erlebten, ihre geistliche Deckung hat. Echte Freiheit ist keine billige Ware. Sie kostet etwas. Wir müssen sie uns etwas kosten lassen. Der Kirchentag »an sich« ist letztlich auch darum nicht greifbar, weil die Zeit danach über seinen Wert oder Unwert mitentscheidet.

Peter Schippel, Wuppertal

Also, ich muß sagen, daß mir vieles gut gefallen hat, obwohl ich manches kritisieren muß

Ich kam ja zum Kirchentag wie in 'ne andre Welt, weil mich meine Schwester, die bei Düsseldorf wohnt, dazu überredet hat. Seit ich denken kann, will die mich belehren, und fast bei allem, was ich sage, meint sie: Vorurteile. Na, ich habe mit ihr geredet und denke, daß sie nun nicht immer wieder solchen Unsinn sagt, denn wir hatten ja jetzt ein richtiges gemeinsames Erlebnis, und sonst war's immer so: Sie hatte das und ich das gelesen.

Also, ich bin eigentlich Bauarbeiter und dann Polier, aber jetzt bin ich Baggerführer, und zwar der erste in unserem Betrieb, habe drei Kinder und ein Häuschen und bin 51 Jahre alt, das können Sie alles schreiben, und so nebenher bin ich fast wie 'n Baumeister, ich zeichne gut und kann Statik berechnen, und die, für die ich was getan habe, sind sehr zufrieden mit mir, man kommt ja viel rum, man kennt fast jeden, da kann man schon was dazuverdienen, um die Kirche aber habe ich immer einen großen Bogen gemacht, wissen Sie, die ist mir, wenn ich ehrlich bin, immer etwas unheimlich mit ihrem Gerede über die Liebe und dann über den Tod und das Kreuz, ich denke oft, die fangen das Leben nicht richtig mit beiden Händen an, denen fehlt was, und einerseits fühle ich mich denen überlegen – auch meiner Schwester übrigens –, andererseits steh ich dumm da, wenn die sagen, das steht in der Bibel, und ich kenne die gar nicht.

Auch meine Schwester, die ist sehr gebildet, aber lassen wir das, das sind so'ne Familiengeschichten, und plötzlich hat sie mich eingeladen zum Kirchentag, ihren Bruder, zum erstenmal in ihrem Leben richtig eingeladen, und da habe ich mir gesagt, dann fährst du hin, die ist so oft bei dir gewesen, jetzt willste mal sehen, wie das ist bei der Schwester, kannst ja irgendwo rumlaufen, mußt ja nicht zum Kirchentag gehen, was haben die denn für 'ne Ahnung, wie dein Leben ist, baust blödsinnige Häuser, hinter denen du gar nicht stehst, und mit Menschen, die kein höheres Ziel haben. Ein Chef von mir – der hat das Geschäft später verkauft, weil er keinen Erben hatte –, der hat immer gesagt, lern die Leute an, zeig ihnen, was du kannst, aber denken Sie, die wollten lernen? I wo, verdienen, nur verdienen.

Also, ich hatte ja nun eine Karte für den Kirchentag, und es wär ja blöd von mir gewesen, nicht hinzugehen, und da dachte ich zuerst, ich wäre auf einer richtigen Messe und kam gleich in das Haus, wo die Jugend war, KIZ hieß das wohl, und fand das imponierend, ja, es wird ja viel zu wenig für die Jugend getan, die wissen oft vor verrückten Ideen gar nicht, wohin mit sich, die können gar nicht richtig spielen, da heißt's immer Aktion und so, und die großen Worte, die habe ich so richtig satt, die lese ich ja immer in der Zeitung, und wenn ich mir eine Rede anhöre, ist es auch so, aber in der ganzen Halle konnte man sehen, was das ist, Reden und Tun, die alten und kranken Leute versorgen und mit Freunden zusammen leben in einer Gemeinschaft, ich habe mir das immer gewünscht und habe auch gar nichts gegen die mit dem Rauschgift oder gegen Vorbestrafte, wenn die dann anständig werden, man muß den' helfen.

Bis dahin und mit der Jugend war alles gut, sagen wir mal, da fand man sich, bei den Liedern und bei den Tänzen, und ich habe gedacht, mein Gott, wo lebe ich denn, daß ich so was bei den Christen noch gar nicht sah, wieso spricht es sich denn nicht herum, daß die Christen – ich soll ja nach Taufe auch einer sein – richtig fröhlich und ausgelassen sind, was steckt denn bloß in unseren Gemeindepfarrern, daß sie darüber nur müde lächeln? Aber dann die Vorträge. Die waren einfach zu hoch. Man hat zwar was verstanden, aber jedenfalls nur die Hälfte, und mir gings wie in der Kirche: ich wurde über etwas belehrt, aber eigentlich nicht gefragt, man hat mir auch keine Frage gestellt, ich war fast nutzlos. Da habe ich mir zum Beispiel einige Wörter von Dr. Groeger notiert, ein kluger Mann, bestimmt, aber was soll ich mit »Selbstverwirklichung, Identität, subjektiv, existentiell, Symptom, latent, kreativ, pathologisch«, was soll ich damit anfangen, ich brauche ja ein Wörterbuch. Und dann ist man nicht so gewandt im Sprechen, und die, die an die Mikrophone gehen, sind ebenso klug wie die Referenten, ich wurde richtig müde. Auch sonst. Ich war in einer Bibelarbeit, in der von Dr. Zahrnt, habe mich also richtig überwunden, denn Bibelarbeiten sind mir ein Greuel, und Dr. Zahrnt ist mir so warm ans Herz gelegt worden, und da tauchte zuerst mal das Wort »existenzphilosophisch« auf, na gut, habe ich mir gesagt, wirst schon herausfinden, was das ist, aber dann blieb mir die Puste weg, da war die Rede von einem »wahrhaft menschlichen Menschen«. Wissen Sie, was das ist? Ist das der Mensch im Paradies, oder soll es irgendeiner hier sein? Es ist doch alles wahrhaft menschlich, was wir um uns sehen. Und noch was, was ich nicht verstanden habe. Da sagt Zahrnt, die Selbstbehauptung würden den Menschen nicht aus einer Selbstentfremdung zum Selbstsein führen. Wie soll ich denn das nun wieder verstehen? Ich behaupte mich und bin mir dabei gar nicht fremd, und was ist mein »Selbstsein«? Einmal sprach er sogar von »andere Selbste«.

Ich habe schon immer den Verdacht gehabt, den starken Verdacht, daß alle diese Theologen nicht unsere Sprache sprechen, nicht wollen oder nicht können, verfeinert sind irgendwie; meine Schwester spricht dann von Tiefe, man kann auch sagen Höhe, bleibt sich ja gleich, auf einmal werden sie

dann aber manchmal ganz einfach, wenn sie beten nämlich, da sagen manche, was sie jetzt denken, und deshalb bin ich gern ins Abendgebet zur Sache gegangen, das hatte Hand und Fuß, darüber war ich selbst erstaunt, und meine Schwester hat gelacht, weil ich gesagt hatte, mit Beten wäre bei mir nichts.
Ein Gedanke, der mich immer mal wieder beschäftigt, ist von diesem Kirchentag geblieben, der so richtig Leben hatte, so trocken er auch war für mich: Muß eigentlich eine Religion so viel Tiefe oder Höhe haben, damit sie sich mit dem Menschen, mit seinen Sorgen beschäftigen kann? Ich meine, braucht denn die Kirche eigentlich so viel abstrakte Wörter für Diakonie und den Umweltschutz und die Rassenfrage? Meine Schwester sagt, es muß ständig differenziert werden – schon wieder so ein Wort –, na gut, ist ja richtig. Aber ich weiß nicht: Differenzieren und differenzieren, bis man nichts mehr versteht? Jedenfalls, die Kirche, verstanden. Ich weiß jetzt genauer, was die tun und wollen. Aber hingehen, sagen wir mal zur Gemeinde, nein, das nicht. Wir sprechen eben andere Sprachen.

Hans Fischer

(mündlicher Bericht, aufgezeichnet von Wolfgang Frank)

Notizen und Zitate vom Kirchentag

»Ich stelle fest, daß das ganze Drum und Dran zur Seligkeit nicht nötig ist.« (Eine ältere Kirchentagsbesucherin in der Diskussion um den politischen Gottesdienst.)

»Ich habe Krebs und muß sterben, da hilft kein Arzt und kein Gott mehr. Es ist doch alles sinnlos«, hieß es auf einer Wandzeitung in Halle 3.

Antwort darauf: »Wir müssen alle sterben. Bis dahin haben wir noch die Möglichkeit, mit dem anderen zu sprechen.« Dazu: »Das ist ein billiger Trost und verharmlost die Probleme.«

»Wie kann ich jemanden dahin bringen, sich selbst zu lieben?« war an anderer Stelle zu lesen. Antwort: »Liebe ihn!«

»Selbstannahme – und was kommt danach?« fragte ein Teilnehmer. Unter seiner Frage auf der Wandzeitung stand: »Abwarten!«

Mit einem Teller Linsensuppe in der Hand versuchte ein Mitwirkender unter den vorbeikommenden Kirchentagsbesuchern einen Oberkirchenrat zu entdecken. Bei diesem wollte er sich beschweren, daß er für seine Mitarbeiter-Essensmarke nur eine Linsensuppe vom Vortag erhalten habe statt einer Kohlroulade. Doch davon seien zu wenig beschafft worden, weswegen eine große Zahl Mitwirkender sich für ihre Zwölf-Stunden-Dienstzeit mit der Suppe »kräftigen« müßten. Einen Oberkirchenrat fand der Linsensuppen-Träger nicht, dafür erhielt er von Kirchentagsbesuchern mehrere Einladungen zu Mittagessen.

Eine Mutter schlief bei einem Vortrag in der Arbeitsgruppe »Privater Wohlstand – öffentliche Verarmung«. Ihr Sohn Matthias, sechseinhalb Jahre, versuchte sie zu wecken. Ein Nachbar weckte die Mutter und schlug ihr vor, mit Matthias ins Kinder-Center zu gehen. Dort angekommen, erklärte Matthias: »Der Kirchentag ist wirklich Klasse.«

Auf einer Wandzeitung in Halle 2: »Wir dialektisieren, wir politisieren, wir konkretisieren, wir diskutieren. Wann werden wir loben?«

Ein Kirchentagsbesucher: »Es gab Augenblicke, wo ich mich ausgesprochen glücklich fühlte. Und es gab Augenblicke, wo ich inmitten der Masse mich so allein fühlte wie selten vorher in meinem Leben.«

Ein anderer: »Ab und zu möchte ich träumen. Aber nicht allein, sondern mit anderen. Lassen Sie uns doch mal träumen! Im Beruf habe ich keine Zeit dafür.«

Ein Jugendlicher schrieb auf die Wandzeitung: »Was nützt es, wenn ich den Durchblick habe, meine Eltern aber nicht.«

Kleine Nachrichten-Chronik

»*Aachen, 28. Juni 1973:* Die fünf katholischen Bischöfe Nordrhein-Westfalens haben ihr Befremden über Pressemeldungen zum Ausdruck gebracht, nach denen angeblich beim Deutschen Evangelischen Kirchentag in Düsseldorf aufgrund einer Vereinbarung mit den Bischöfen auch Katholiken am evangelischen Abendmahl teilnehmen können. Die Bischöfe bezeichnen diese Zeitungsmeldungen als falsch und verweisen auf eine Stellungnahme des Ökumene-Referenten der Evangelischen Kirche im Rheinland, Oberkirchenrat Jürgen Schroer (Düsseldorf), in der es heißt, die evangelische Einladung zur Teilnahme am Abendmahl sei keine Aufforderung zum Ungehorsam. »Nur wo ein geweihter Priester die Eucharistiefeier in gültiger Weise vollzieht, ist das Kreuzesopfer Jesu Christi vergegenwärtigt«, erklären die katholischen Bischöfe und fügen hinzu, »ein katholischer Christ, der sich am evangelischen Abendmahl beteiligte, würde durch sein Verhalten den Eindruck erwecken, daß er die Heilige Wandlung auch ohne den geweihten Priester für möglich hält.« (KNA)

Wetzlar, 19. Juli 1973: Als eine »antichristliche Verführung, die im Gemisch mit vertrauten, frommen Formulierungen sich unheilvoll auswirkt«, hat Pfarrer Paul Deitenbeck (Lüdenscheid) den Kirchentag in Düsseldorf bezeichnet. Hier seien biblisches Evangelium und falsche theologische Aussagen als gleichwertige Stimmen der evangelischen Kirche dargeboten worden. In einem Beitrag im Informationsdienst der Evangelischen Allianz schreibt das Mitglied des geschäftsführenden Ausschusses der Bekenntnisbewegung »Kein anderes Evangelium«: »Mit einem Deutschen Evangelischen Kirchentag unter dieser theologischen Konzeption gibt es keinen Kompromiß mehr.« »Gespräche miteinander sind jahrelang geführt worden. Für den Weg und Geist dieser Kirchentage können wir keine Mitverantwortung mehr übernehmen. Die Sache läuft sich tot, weil sie keine Verheißung hat.« An die Kirchenleitungen richtet Deitenbeck die Frage, wie lange sie die »Fehlrichtung« des Kirchentages noch unterstützen wollen. In diesem Zusammenhang verweist er auf den von den Bekenntnisgruppen am Himmelfahrtstag 1973 in Dortmund veranstalteten »Gemeindetag unter dem Wort«, bei dem »das Eigentliche der Kirche unüberhörbar eindeutig vor aller Öffentlichkeit« zu Wort gekommen sei. (epd)

Hannover, 23. Juli 1973: Der Leitende Bischof der Vereinigten Evangelisch-Lutherischen Kirche Deutschlands, Dr. Hans-Otto Wölber (Hamburg), hat in einem Brief an die niedersächsische Bekenntnisbewegung die Bitte ausgesprochen, daß Bekenntnisbewegung und Kirchentag im Gespräch bleiben, und falls dieses abgebrochen sei, es wieder zu eröffnen. Der Kirchentag habe in Düsseldorf den nicht leichten Versuch unternommen, aus Polarisation herauszukommen, und es habe einen deutlichen Akzent auf Bibelarbeit, Gottesdienst, Gebet und Meditation gegeben: »Düsseldorf war ein Kirchentag mit einem Stimmungsumschwung, obwohl wir die tiefen Krisen noch lange nicht bewältigt haben. Dieser Kirchentag hat sich auf die Bibel berufen und er hat zur Bibel gerufen.« (epd)

Bremen, 1. August 1973: Keinen Kompromiß könne es zwischen den Bekennenden Gemeinschaften und dem Deutschen Evangelischen Kirchentag geben. Diese Meinung vertritt die »Kirchliche Sammlung um Bibel und Bekenntnis« in ihrem in Bremen erscheinenden Informatiosdienst. In einem Kommentar zum Düsseldorfer Kirchentag wird weiter erklärt, der Graben, den das Präsidium des Kirchentages geschaufelt habe, sei tief. (epd)

München, 14. August 1973: Zum Düsseldorfer Kirchentag meinte der bayerische Landesbischof D. Hermann Dietzfelbinger (München), die einen sagten ja, die anderen nein zu ihm, weil sie die unverkürzte Botschaft des Evangeliums dort vermißten. Der Streit darum sei noch nicht zu Ende. Er drohe gerade die Christen auseinanderzubringen, die es mit dem christlichen Auftrag in der Welt ernst nähmen. Eine Vereinfachung sei gerade hierbei nicht am Platze. (epd)

Düsseldorf, 11. Oktober 1973: Es sei »notwendig und sinnvoll«, eine Arbeitsgemeinschaft zwischen dem Deutschen Evangelischen Kirchentag und der Bekenntnisbewegung »Kein anderes Evangelium« als »Brücke« für die »suchende und bekennende Gemeinde« zu bilden, heißt es in der Stellungnahme eines »Mitarbeiterkreises der Evangelischen Allianz Düsseldorf« zum Echo auf den Düsseldorfer Kirchentag. Der Mitarbeiterkreis bedauert, daß die Bekenntnisbewegung trotz wiederholter Einladung nicht am Düsseldorfer Kirchentag teilgenommen hat, weist aber gleichzeitig darauf hin, daß »die Anliegen der Bekenntnisbewegung, soweit sie vom Neuen Testament her berechtigt sind, erneut geprüft und ernstgenommen werden müßten«. Zu den weiteren Forderungen des Allianz-Kreises gehört ferner »ein reichhaltiges Angebot an Wortverkündigung« während des für 1975 geplanten nächsten Kirchentages in Frankfurt. In der Stellungnahme wird ein Vergleich zwischen dem Dortmunder »Gemeindetag unter dem Wort« und dem Düsseldorfer Kirchentag als unsachgemäß abgelehnt, denn der

Kirchentag verstehe sich in seiner dialogischen Verkündigung als Gesprächsforum für suchende und kritische Menschen und müsse sich deshalb den Glaubensanfechtungen der Zeit vom Evangelium her stellen. Der Gemeindetag sei hingegen eine Glaubenskonferenz mit guter biblischer Verkündigung zur Stärkung der versammelten Christen gewesen. (epd)

Halver/Westfalen, 6. November 1973: Die Gesprächsbereitschaft der Bekenntnisbewegung »Kein anderes Evangelium« mit dem Deutschen Evangelischen Kirchentag betonte Dr. Gerhard Bergmann, Mitarbeiter der Bekenntnisbewegung, in einem Interview mit dem Evangelischen Pressedienst. Wie Bergmann sagte, lege er großen Wert auf die Unterscheidung zwischen theologischer Pluralität und theologischem Pluralismus. Über diesen Punkt müsse mit dem Kirchentag gesprochen werden. Der Präsidentenamtswechsel von Dr. Heinz Zahrnt zu Professor Dr. Kurt Sontheimer beim Kirchentag verändere die Befürchtungen der Bekenntnisbewegung nicht. »Von Sontheimer ist bekannt, daß er die Gruppendynamik, dem theologischen Gespräch nicht dienlich, auch auf dem nächsten Kirchentag praktizieren, ja sogar vermehrt forcieren will. Hier melden sich ernsthafte Bedenken an«, sagte Bergmann. (epd)

Ausländische Pressestimmen

Torre Pellice, 13. Juli 1973: »Der Kirchentag ist eine Art große Wiederbelebungs-Kampagne«, schreibt das Blatt der Waldenser in Italien, »L'Eco«, in einem Bericht über den Düsseldorfer Kirchentag. Franco Sommani hebt darin die Bibelarbeiten und die Arbeitsgruppe »Glauben« hervor und bemerkt dazu, daß die Mehrheit »Anhänger der sogenannten Neuen Theologie« gewesen seien, die sich gegen »die Position der Pietisten (die Bewegung ›Kein anderes Evangelium‹)« gestellt hätten. Daneben habe es »eine Art Messe evangelischen Engagements« gegeben, wo besonders die Jugend vertreten gewesen sei. Ein wichtiges Element des Zusammenhalts zwischen so vielen Menschen »war mit Sicherheit der Gesang«, schreibt Sommani weiter. Interessant sei es gewesen zu sehen, »mit welcher Leichtigkeit diese zahlreichen Versammlungen die neuen, für diese Gelegenheit vorbereiteten Kirchenlieder, lernten. Es kam der Augenblick, an die Schwierigkeiten zu denken, auf die wir bei der Einführung von Liedern des neuen Gesangbuches in unseren Versammlungen stoßen.« Am Schluß seines Beitrages in »L'Eco« schreibt der Autor: »Trotz unserer oft angeborenen Neigung zum Mißtrauen gegenüber Massenversammlungen habe ich den Eindruck gehabt, daß es in diesen Tagen der Begegnung möglich gewesen ist, viele Menschen für verschiedene wesentliche Probleme zu sensibilisieren und die Gläubigen wieder vor die Aufgabe zu stellen, das Wort Gottes neu zu bedenken.«

Paris, 17. Juli 1973: »Es hat sich in Deutschland etwas gewandelt«, stellt das Pariser Wochenblatt des französischen Protestantismus, »Reforme«, in einem Kommentar über den Düsseldorfer Kirchentag fest. Nicht mehr von oben, von der Hierarchie, werde das Leben der Kirche bestimmt, sondern von der Basis und ihren Initiativen. Das Blatt meint, endlich sei das Ziel einer vollen Verantwortlichkeit der Laien erreicht worden, wie es die Absicht des Kirchentagsgründers Reinhold von Thadden-Trieglaff gewesen sei. Die entscheidende Prägung des Düsseldorfer Treffens schreibt das Blatt der jungen Generation zu, ihrer Vorbereitungsarbeit, ihrem zahlenmäßig großen Anteil unter den Besuchern, ihrem Einfluß auf die Atmosphäre des Ganzen und ihrem vielfachen Angebot, sich als Christen in politischen und sozialen Diensten zu engagieren. Die Anziehungskraft des »Schalom-Forums« wird von »Reforme« hervorgehoben und eingehend die »Liturgische Nacht« geschildert und gewürdigt.

Straßburg, 22. Juli 1973: Es sei ein bescheidener Kirchentag »in einem viel zu großen Rahmen« gewesen, urteilt das Blatt »Le Messager Evangélique« aus Straßburg über Düsseldorf. Der Dortmunder »Gemeindetag unter dem Wort« habe eher als Düsseldorf an die alten Zeiten der Kirchentage unter Heinrich Giesens Leitung erinnert, allerdings auch einen »gewissen Zug zum Fanatischen« gezeigt. In Dortmund sei ein »gut Teil der alten Kundschaft der Kirchentage, in Düsseldorf die neue« gewesen, schreibt das Blatt und hebt in einem zweiten Beitrag die Beteiligung der Jugend am Düsseldorfer Kirchentag sowie eine »Sprache der Befreiung« hervor, die dabei besonders deutlich geworden sei.

Aus Schweden und Norwegen war zu hören, daß die Berichte über den Düsseldorfer Kirchentag die Sperren gegen die moderneren Formen von Gottesdiensten und Theologie gelockert hätten. Berichte sind weiter in griechischen und amerikanischen, in britischen und niederländischen Blättern erschienen – nicht aber in der DDR-Presse oder in anderen Publikationsorganen des sozialistischen Bereichs, obwohl zum Beispiel aus Polen Teilnehmer beim Kirchentag waren. In der Schweiz hieß es: »Der Kirchentag war eine große Ermutigung.« Dort überlegt man sich auch, nach den Erfahrungen mit Düsseldorf wieder einen Kirchentag zu veranstalten.

Schlagzeilen aus deutschen Zeitungen

»Tanzen wie David«
(Karl-Alfred Odin in der Frankfurter Allgemeinen Zeitung)

»Man hört die Umstürzler an und stimmt gegen sie«
(Joachim Neander in der Welt am Sonntag)

»Sie hopsen fröhlich und bauen Türken«
(Thorsten Scharnhorst in der Neuen Rhein Zeitung)

»Netzers Tor ließ die Leute vom Kirchentag aufatmen«
(Frank Gebhard in der Westfälischen Allgemeinen Zeitung)

»Die Zehn Gebote und die Chemie«
(Gerd Fischer in der Neuen Rhein Zeitung)

»Junge Mönche in Jeans«
(Helmut Breuer in der Rheinischen Post)

»Zwingt Grau raus beim Kirchentag«
(Westdeutsche Zeitung – Düsseldorfer Nachrichten)

»Die Wahrheit kann nicht ertanzt werden«
(Bonner Rundschau)

»Im Wechselgang von Pop und Psalm«
(Dietrich Strohmann in der »Zeit«)

»Wenn es ihn nicht gäbe, müßte man ihn wohl erfinden«
(Werner Hühne im Deutschen Allgemeinen Sonntagsblatt)

Informieren, reflektieren, meditieren, beten

Informieren, reflektieren, meditieren, beten

Nicht nur in deutscher Sprache sind die Wörter beten und bitten miteinander verwandt. Und nicht nur hierzulande kann man erfahren: Wenn jemand jemanden um etwas bittet, muß er sich deutlich ausdrücken, um verstanden zu werden. Er muß etwas tun, damit etwas geschehen kann. Das sind einfache Grunderfahrungen, die sich in vielen Kulturkreisen eingeprägt haben, so daß es in der Regel kein Risiko bedeutet, jemanden um die Uhrzeit, um Feuer für eine Zigarette oder um Auskunft über den kürzesten Weg zum Bahnhof zu bitten. Die biblische Ermunterung, sich nicht zu genieren, eine Bitte zu äußern, offen zu sagen, woran es fehlt, scheint nicht nur christlich-ökumenisches, sondern auch urban-moralisches Allgemeingut zu sein. »Bittet, so wird euch gegeben; klopfet an, so wird euch aufgetan«, dieser Satz scheint nichts Ungewohntes zu besagen.

In bezug auf das Wort, das zu sprechen ist, das in offenkundiger oder zu erklärender Situation zu sprechen ist, kann man sagen: »Nicht die Dinge, sondern die Situationen sind primär« (Martin Buber). Die Situation nötigt den Hilfsbedürftigen oder den, der für einen andern Hilfe sucht, Laut zu geben, nicht nur durch Ruf oder Schrei, je nach Lage auch durch gesprochene Sätze. Die Konstellation ist konstitutiv, die Positionen sind leicht zu beschreiben: 1. der Bittende, 2. der Angesprochene, 3. die Sache, um die es geht, der Umstand, der Sorgen bereitet, die Not, die es zu wenden gilt.

Christliche Gebetsübung und Gebetserfahrung hat dieses Verhaltensmuster nicht entkräftet, sondern übernommen, inhaltlich gefüllt und ethisch ausgeweitet. Mit dem Wortlaut des VATER UNSER kann das Größte und das Kleinste, das Nahe und das Ferne, das Profane und das Heilige, das Vergangene und das Künftige, das Offenkundige wie das Verborgene angesprochen, ausgesprochen oder assoziiert werden. »Christlich gedacht kann es kein Gebet geben, das außerhalb des ›Dein Reich komme . . .‹ stünde« (Dorothee Sölle).

Dennoch kann das bloße Nachreden vorgegebener Gebets-Texte zum Geheuchel und Geplapper werden, etwa dann, wenn es notwendig wäre, daß mit Namen genannt wird, wer und was Unrecht und Not, Wissens- und Gewissenskonflikte verursacht. Es gab und gibt Situationen, in denen ein Beter, der für Gefangene und Verfolgte bittet und ihre Namen nennt, der sich die Mühe macht, Ort, Zeit und Umstände zu nennen, unter denen Menschen erniedrigt und beleidigt, entrechtet und gefoltert werden, sich um »Gebets-

erhörung« keine Sorgen zu machen braucht. Jedoch um Ruf und Beruf, wenn nicht um mehr.
Beten kann bewegende Kraft schon dadurch erhalten, daß der Beter sich selbst und seine Situation deutlich zum Ausdruck bringt, und zum andern dadurch, daß er beim Namen nennt, wer oder was, welche Tatsachen, Umstände und Interessen dem Reich Gottes im Wege stehn. In Gegenwart und Geschichte gibt es Beispiele genug, daß solch Beten riskant und gefährlich ist. Glaube, Hoffnung und Liebe des Beters bewähren sich aber auch und gerade in Gefahren, auch unter Bedrohungen und Verleumdungen, oder sie verblassen aus Vorsicht, aus Angst und Anpassung bis zur Unkenntlichkeit. Beten bedeutet, daß Menschen ihren Hunger nach dem Reich Gottes offen aussprechen.
Oft und gern wird auf Jesu Empfehlung verwiesen: »Wenn du aber betest, so gehe in dein Kämmerlein und schließ die Tür zu und bete zu deinem Vater, der im Verborgenen ist.« Doch dabei wird außer acht gelassen, daß diese Empfehlung als Absage an den öffentlichen religiösen Leistungssport in Jerusalem zu verstehen ist, wo die Berufs-Frommen wetteiferten »in den Synagogen und an den Ecken auf den Gassen«, beim Beten von möglichst vielen Leuten gesehen zu werden. Das kritische Wort vom »stillen Kämmerlein« entsprang einer Situation, die wir uns heute erst vergegenwärtigen müssen, nämlich dem ritualisierten Strebertum unter den Priestern und Schriftgelehrten zur Zeit Jesu.
Am Ende des 20. Jahrhunderts wird indessen bewußt, daß die Bitte des VATER UNSER »und vergib uns unsere Schuld« nicht nur persönlichen, sondern auch gesellschaftlichen, politischen und geschichtlichen Bezug hat. Den Schöpfer Himmels und der Erde formelgerecht um Heil und Segen zu bitten, gerät zur Blasphemie, sobald die Einsicht dämmert oder blitzartig erhellt, daß sowohl unter kapitalistischen als auch unter staatswirtschaftlichen Leistungsantrieben die Vergewaltigung der »Mutter Erde« mit Dividenden und Prämien belohnt wird. Die Anbetung des Bruttosozialprodukts und die Vergötterung eines immerwährenden Wirtschaftswachstums können durch sachliche Information als Sünde erkannt werden, zum Beispiel als Sünde wider den Geist der guten Schöpfung Gottes. Sünde heute kann aus subjektiver Informationsunlust ebenso erwachsen wie aus einem objektiven Abseits von dem Weg, auf dem es den Menschen der Dritten Welt jemals leichtfallen könnte, dem Wohlstandsbürgertum der Industrienationen Schuld zu vergeben.
Mit einem Wort: vernehmliches Beten bedarf der Vorbereitung, insbesondere durch weitgehende Information über die Lage, in der da wie dort, in der Nähe wie in der Ferne, der Mensch als Ebenbild Gottes sich befindet. Nicht durch den Singsang gewohnter Sprachschablonen, sondern durch möglichst reichhaltige, wenn auch unbequeme, sprachlich spröde und

sperrige Informationen sowie durch anschließende Selektion und Reflexion kann eine Meditation erreicht werden, die auf den Punkt kommt, vielleicht auf den springenden. In entspannter Konzentration kann der Drehpunkt gefunden werden, der Bußpunkt des Schweigens, vielleicht auch lange Zeit nichts. Auch Schweigen kann beten sein. Was an selektierter und reflektierter Information bis in die Meditation gelangt, kann in der Stille umgeformt werden ins Gebet. Information, Meditation und Transformation wirken zusammen. Bis zu dem Haltepunkt, von dem ab der Beter nicht mehr zu sorgen braucht, was er sagen soll.

Erste Erfahrungen

Das »Abendgebet zur Sache« war ein Experiment, und zum Wesen des Experimentes gehört es, daß die Beteiligten nicht vorauswissen, wie das Ergebnis aussehen wird. Die Projektgruppe ging mit großen Ansprüchen an die eigene Leistung, doch mit geringen Erwartungen hinsichtlich des »Erfolges« an die Arbeit. Die Auswahl des großen Vortragssaales im Messezentrum mit seinen 1 200 Plätzen verursachte vorher viel Kopfschütteln und Ängstlichkeit.

Erste Erfahrung: Das Interesse des Kirchentagspublikums am Gottesdienst, an einem in keiner Weise bemäntelten Ausdruck der Frömmigkeit wurde unterschätzt. Die Bezeichnung »Abendgebet zur Sache« traf eben nicht nur diese Sache selbst, sondern auch die – bei manchen vielleicht »heimlichen« – Wünsche und Erwartungen bei etwa jedem fünften Kirchentagsgast. Das »Abendgebet zur Sache« könnte als Hinweis auf eine Frömmigkeitsreserve in der Volkskirche angesehen werden, die über die traditionelle Gottesdienstgemeinde hinausreicht. Offensichtlich ist allein schon der Begriffs-Verbindung von »Gebet« und »Sache« der erste unerwartet starke Zustrom zu verdanken gewesen. Das, was dann geschah, bestätigte anscheinend die Erwartungen. Denn ohne intensive Werbung (die aus technischen und finanziellen Gründen reduziert werden mußte) wurde die Teilnehmerzahl in drei Tagen mehr als verdoppelt.

Zweite Erfahrung: Information ist eine Voraussetzung des Gebets. Dies wurde vom Publikum akzeptiert, von der Projektgruppe zunächst behauptet, dann praktisch erfahren. Freilich muß die Information seriös, sie darf nicht »gefärbt«, sondern muß durch die Bemühung um größtmögliche Objektivität geprägt sein. Es genügt also nicht eine vorgegebene Gruppenmeinung, nach der dann die in das eigene Meinungsbild passenden »Nachrichten« ausgesucht werden. Sondern es bedarf der mühevollen Durcharbeitung einer »Informationsflut«, insbesondere der Nachprüfung und des Vergleichs sowie der Diskussion innerhalb einer Arbeitsgruppe. Das Düsseldorfer Experiment zeigt, wie teuer verläßliche Information ist, welcher Einsatz also im Grunde für einen aktuellen Gottesdienst gebraucht wird. Im Alleingang ist etwas derartiges nicht zu schaffen. Für den Pfarrer als Gottesdienst-»Macher« gilt dies sowieso. Es gilt aber auch für die Gemeinde. »Information zum Gebet« könnte Gegenstand einer gruppenmässigen Zusammenarbeit benachbarter Gemeinden sein. Auch an einen speziell auf den Gottesdienst bezogenen aktuellen Informationsdienst ist hier zu denken. Beispiel: die in der Evangelischen Kirche von Westfalen herausgegebene Wochenkorrespondenz »Botschaft aktuell«, die neben einer Meditation des Predigttextes Nachrichten, Schlagzeilen der Woche, Hintergrundinformationen zum Predigtthema und Zitate bringt.

Dritte Erfahrung: Die Nötigung, auf aktuelle Information im Gebet zu antworten, bringt Mängel und Schwächen der kirchlichen, der »frommen« Sprache zum Bewußtsein. Diese wiederum werden rasch auch als Mängel der theologischen Erkenntnis und tatsächlich praktizierten Frömmigkeit erfahren. Oft stellte sich, so berichtet einer der Abendgebets-Texter, zunächst die »alte« Gebetssprache ein, die einfach nicht zu der Sprache der Nachrichten paßte. Dann war ein zweiter oder dritter Arbeitsgang nötig, bis der »Bruch zwischen Nachricht und Gebet« so klein wie möglich wurde. Freilich habe sich, so wird weiter berichtet, dabei ein »von Tag zu Tag fortschreitender Prozeß« ergeben. So ist aus der Gruppe die Anregung zu einem weiterführenden Seminar gekommen, um auf dem Hintergrund der Düsseldorfer Erfahrungen dem Gegensatz zwischen der säkularisierten Tatsachen- und Nachrichtensprache und der weltabgewandten, unkonkreten »Hochsprache« der traditionellen Frömmigkeit nachzugehen. »Gott ist immer nur im Ereignis. Das ist der Nerv der Sache!« So der Gewährsmann aus der Textergruppe, der die Problematik eines »sachbezogenen, weltbezogenen, situationsbezogenen Betens« nicht nur auf dem nächsten Kirchentag, sondern überhaupt in den Gemeinden zur Sprache bringen möchte.

Vierte Erfahrung: Es ist nicht – wie es oft geschieht – nötig, Konflikte, Alternativen, Gegensätze aus der gottesdienstlichen Rede auszuklammern. Die sachliche Darstellung der Nachricht ermöglicht gegensätzliche Aussagen nebeneinander. Das antwortende Gebet braucht nur auf den Gegensatz hinzuweisen, muß ihn nicht harmonisieren, da ja Gott, nicht irgendein Mensch oder eine menschliche Institution der Angeredete ist. Einer der »Texter« dazu: »Konflikte, die horizontal nicht lösbar sind, können im ›Abendgebet‹ einfach dargestellt, dann aber vor Gott gebracht werden, was sonst nirgendwo möglich ist.« (Ein Beispiel siehe unten in der Dokumentation des Samstags-Gebets: Kontroverse Sölle – Thielicke.)

Zur »Liturgie«

Für jedes »Abendgebet« stand eine halbe Stunde (18.15–18.45 Uhr) zur Verfügung, in der außer dem Gebetsteil selbst eine Begrüßung sowie ein musikalisch-meditativer Rahmen unterzubringen waren. Die Projektgruppe entschied sich für eine Einstimmung mit Hilfe von Meditationen zu Bildprojektionen, die auch musikalisch vom Gebetsteil abgesetzt werden sollten. Um in diesem eine »Textlastigkeit« zu vermeiden, sollte er musikalisch untergliedert sein. Im übrigen einigte man sich auf den Grundsatz, in der »Liturgie« mit so wenig Wechsel wie möglich auszukommen, um so ein

Gegengewicht gegen die spontane Wechselhaftigkeit der Informationen und Gebetsantworten aufzubauen.

Daraus ergab sich folgende Ordnung:

Begrüßung (Moderator)
Orgelimprovisation (auf Band vorproduziert)
Bild-Meditation (Projektor, Meditations-Sprecher)
Musik (Flöte, Gitarre, Schlagzeug, freie Assoziationen)
Informationen vom Kirchentag (zwei Sprecher)
und Gebete (ein Sprecher)
Stille
Musik (s. o.)
Informationen vom Kirchentag (s. o.)
und Gebete (s. o.)
Stille
Musik (s. o.)
Nachrichten des Tages (s. o.)
und Gebete (ein Sprecher)
Vater unser (gemeinsam)
Segen – Sendung (Meditations-Sprecher)
Lied: »Die Nacht ist vorgedrungen« von Jochen Klepper (gemeinsam)
Einladung zur »Wortverkündigung am Abend« und zur »Seelsorge und Beratung« (Moderator)

Die *Begrüßung* durch den Moderator wurde nicht vorformuliert, sondern ebenso wie die Nachrichten- und Gebetstexte am Nachmittag abgefaßt und durch die Texter-Gruppe beschlossen. Sie diente nicht nur der ersten Kontaktaufnahme und Erläuterung, sondern griff auch allgemeine Informationen auf und ging am zweiten und dritten Tag auf Echo und Kritik an der Veranstaltung ein.
Die *Musik,* die »zur Stille und Meditation helfen« sollte, fand – vorwiegend nach Generationen – geteiltes Echo. Den älteren Teilnehmern waren sowohl die vorproduzierten Orgelimprovisationen als auch die frei assoziierten Zwischenspiele im Gebetsteil vielfach »zu modern«. Manche fühlten sich davon »eher gestört«. Jugend und mittlere Generation dagegen äußerten sich vorwiegend positiv. Hier zeigte sich anscheinend ein Unterschied im Stil- und Lebensgefühl, der nicht frömmigkeitstypische Gruppen, sondern Altersgruppen voneinander unterschied.
Die *Bildmeditationen* kamen im allgemeinen gut an. Ihr Zweck, einen gewissen Abstand vom Tagungsgeschehen und von der Debattenhektik zu schaffen, wurde von Menschen unterschiedlicher Gruppen verstanden und akzeptiert. Das gleiche gilt von der thematischen Abfolge:

Donnerstagsthema: Unterwegs auf Hoffnung (Bahnhofshalle von Frankfurt a. M., Foto von Abisag Tüllmann), Freitagsthema: Flucht und Umkehr (Jona im Bauch des Meerungeheuers, Holzschnitt von Walter Habdank), Samstagsthema: Gespräch und Gebet (Das Gespräch, Plastik von Johannes Fischdick).
Als Beispiel für den *Gebetsteil* folgen hier die Nachrichten und Gebete des dritten und letzten »Abendgebets zur Sache« am Samstag, 30. Juni. Sie gehen neben den Tagesereignissen auch auf schon erkennbare Ergebnisse und Gesamttendenzen des 15. Deutschen Evangelischen Kirchentages ein.

Dokumentation: Samstagsgebet

Informationen vom Kirchentag – Gebete

In Arbeitsgruppe 1 »Worauf ist Verlaß?« sagte heute morgen Dorothee Steffensky-Sölle: »Der Tod, der uns mitten im Leben umfängt, ist der Tod der Beziehungslosigkeit, der Sprachlosigkeit, der Verlassenheit, des Leerlaufs, der Langeweile. Diesem Tod am Brot und fürs Brot gebührt der Kampf. Es ist leichter zu sterben, wenn wir die Umrisse des gelobten Landes deutlicher sehen.« – Helmut Thielicke formulierte: »Der Tod ist im Evangelium kein selbständiges Thema, weil es den kennt, der den Tod überwunden hat. Mit wem Gott zu reden begann, der ist unsterblich. Gott hat mit uns eine Geschichte begonnen, die nicht aufhört.«
Herr, daß die Frage unseres Todes auf diesem Kirchentag nicht ausgeklammert wurde, ist Hilfe für uns. Wir danken dir, daß du uns Menschen gibst, die deine Zukunft für uns zur Sprache bringen. Hilf, daß wir mit dieser Zuversicht leben können.
In Arbeitsgruppe 2 »Was kostet die Menschlichkeit?« sagte heute der Vorsitzende der Gewerkschaft Textil und Bekleidung, Karl Buschmann: »Der Mensch als schöpferisches, fantasiebegabtes und an eigener Leistung interessiertes Wesen wird übergangen. Er wird zur Nummer, die funktionieren muß. Die Belastung für ihn haben sich in den letzten Jahren eher erhöht als gesenkt. Zeugnis dafür legt der sich rapide verschlechternde Gesundheitszustand der Gesamtbevölkerung ab. So ergab eine jüngst in Baden-Württemberg durchgeführte Untersuchung: 80 % der Untersuchten zeigten krankhafte Erscheinungen. Die Frühinvalidität wächst ständig. Das Durchschnittsalter der Neurentner liegt heute bereits bei 57 Jahren. Die Gefahr für Leib und Leben erhöht sich also laufend.« – Die Textilarbeiterin Käte Jülich sagte in der gleichen Arbeitsgruppe: »Wer im Streß der Akkordarbeit steht, dem fällt es nach Feierabend schwer, noch zu lernen. Freizeit ist für viele Fortsetzung der Arbeit unter anderen Bedingungen.«
Herr, wir haben gehört, Arbeit im Streß macht krank. Mit unseren perfekten Arbeitsmethoden erstreben wir höchsten Gewinn. Viele bleiben dabei auf der Strecke. Du willst, daß wir in Arbeit und Freizeit unser Menschsein finden. Gib uns dazu Kraft und Ideen!
Auf der Wandzeitung in Halle 2 konnten die Teilnehmer der »Liturgischen Nacht« lesen: »Meditation befreit zum Gespräch«; »Kommunikation ohne Meditation = schlechte Kommunikation«. Im Kommunikations- und Infor-

mationszentrum, dem KIZ, und in der »Liturgischen Nacht« wurde versucht, dem Zusammensein und einer von uns vernachlässigten Seite des Evangeliums Ausdruck zu geben durch »miteinander beten, bewegen, essen, trinken, hören, malen, meditieren, musizieren, singen, spielen«. Mehrere tausend Menschen haben sich an der »Liturgischen Nacht« selber beteiligt. Heute vormittag äußerten sich viele Teilnehmer der Arbeitsgruppe »Gottesdienst« dazu. Eine 60jährige Frau sagte: »Ich empfand eine Befreiung. Ich habe zuerst geweint, weil ich es lernen muß, daß man sich so weit öffnen kann.« Ein junger Mann äußerte: »Ich habe gestern abend gesehen, wie Grenzen zwischen jung und alt, gesund und krank spontan aufgebrochen wurden.«
Als Konsequenz aus dem Erlebten sagte ein anderer: »Wir ersticken in den Gemeinden in Aktionen. Wir brauchen mehr von dem, was wir gestern erlebt haben.«
Herr, wir freuen uns über die Gelöstheit und die spielerische Freude, die mitten in einer Welt der Konflikte deine Liebe feiert. Wir freuen uns, daß wir dich nicht nur im Nachdenken und in der Auseinandersetzung erfahren, sondern auch in der Feier der Versöhnung. Gib uns die Fantasie deines Geistes für eine brüderliche Gemeinschaft auf unseren Festen der Freude und in der Routine des alltäglichen Lebens.

Stille – Musik
Nachrichten des Tages – Gebete

Regen ist in Obervolta und in Niger gefallen. Diese beiden Staaten gehören zu der Zone südlich der Sahara, in der durch jahrelange Trockenheit jetzt Millionen Menschen und Tiere vom Hungertod bedroht sind. Die Welternährungsorganisation FAO, Misereor und Brot für die Welt schaffen Saatgut und Nahrungsmittel in diese Zone. Zum Teil müssen erst Straßen gebaut werden.
Herr, Menschen und Tiere leiden in diesen Ländern Afrikas. Der Regen läßt sie aufatmen. Wir wollen die Hilfsorganisationen bei ihren Bemühungen nicht im Stich lassen.
Die Zahl der Unfalltoten sank in den ersten vier Monaten dieses Jahres in der Bundesrepublik im Vergleich zum entsprechenden Vorjahreszeitraum um 8,7 %.
Herr, viele Bemühungen haben hier zu einem ersten Erfolg geführt. Wir freuen uns darüber und möchten daraus selber immer mehr Rücksichtnahme im Straßenverkehr lernen.
Die Zahl der jugendlichen Alkoholiker sei in der Bundesrepublik etwa 6mal so hoch wie die der Drogenabhängigen und steige weiter an. Darum sollten vor allem jene Werbeaussagen, die eindeutig die Wirkung von Alkoholerzeugnissen verharmlosen, von den Parlamentariern unter die

Lupe genommen werden, forderte gestern die Gesundheitsministerin Frau Focke.
Herr, Politiker brauchen Mut, um schädliche Gewohnheiten und den Egoismus von Interessengruppen zu durchbrechen. Gib uns neue Formen der Geselligkeit, die die Verarmung und Einseitigkeit menschlichen Zusammenseins überwinden.
Die Blaupunkt-Werke in Hildesheim haben ein zwölfgeschossiges Hochhaus als Wohnheim für 350 türkische Gastarbeiterinnen gemietet, weil der Bauherr von den dort vorgesehenen Eigentumswohnungen nur knapp die Hälfte hatte verkaufen können.
Herr, das war eine gute List von dir. Wir müssen unsere Augen offenhalten, wo wir etwas tun können für bessere Wohnungen.

Stille – Musik
Stimmen zum bisherigen Verlauf des Kirchentages – Gebete

Es wurde gefragt: »Lohnt der Aufwand noch angesichts der rückläufigen Zahlen des Kirchentags?« Hierzu sagte ein Teilnehmer: »Der Kirchentag hat die erfreuliche Möglichkeit, so lange weiterzuarbeiten, als dies sinnvoll erscheint. Er hat aber im Gegensatz zur verfaßten Kirche auch die Chance zu sterben.«
Auf der heutigen Pressekonferenz wurde gesagt: »Der Kirchentag war ein ehrliches Abbild der Situation der Christen in Deutschland. Messehallen werden größer, die Zahl der Christen wird kleiner.«
Auf dem Kirchtentag wurde viel und heftig gestritten. Gestern sagte der Landesrabbiner Levisohn im überfüllten jüdischen Gottesdienst: »Jeder Streit, der um Gottes willen geführt wird, wird Bestand haben. Jeder Streit, der nicht um Gottes willen geführt wird, wird untergehen.«
In der Überwindung der verhärteten Fronten sind wir ein Stück weitergekommen. Die Arbeitsgruppe »Glaube« verabschiedete mit überwältigender Mehrheit eine Resolution, daß die Bekenntnisbewegung zum nächsten Kirchentag eingeladen werden solle.
Charakteristisch für diesen Kirchentag ist der Zug zur Feier in ganz unterschiedlichen Formen, die gesucht und angenommen wurden. Ein ganzheitliches Denken beginnt sich durchzusetzen. Ein Drängen zur Besinnung, zur Meditation war deutlich spürbar. Hier im »Abendgebet« wurde der Versuch gemacht, das Geschehen des Tages zu reflektieren und in Beziehung zu setzen zu dem, was Gott sagt.
Die positive Funktion der Gruppe wurde deutlich. Wir hatten mehr Gruppenarbeit, weniger Stars. Eine große Bereicherung war auch das ökumenische Miteinander der Christen und von Menschen anderer Überzeugung. Viele Jugendliche waren gekommen. Eine große Zahl von Behinderten hat aktiv teilgenommen.

Herr, es wäre schäbig, dir nicht zu danken für das, was wir Gutes erlebt haben. Es wäre unehrlich zu verschweigen, daß viele dem Kirchentag ferngeblieben sind und daß wir Fragen und Konflikte nicht lösen konnten. Wir bitten dich, hilf uns tun, was uns eint. Stärke alles Gute, was hier begonnen hat.
Morgen mittag gehen wir wieder auseinander. Am Montag beginnt der Alltag. Für viele wird er im schmerzlichen Widerspruch stehen zu unserem gemeinsamen Erleben in Düsseldorf. Viele sagten uns: »Wir haben Furcht, daß zu Hause doch alles beim alten bleibt. Der Kirchentag war eine Ausnahmesituation. Wir können die guten Einsichten in unserem persönlichen Leben und in unseren Gemeinden doch nicht verwirklichen.« – Wir fragen: Bieten sich nicht doch von den Erfahrungen des Kirchentages folgende Wege an?

1. Bereitschaft zur kleinen Gruppe, Partner suchen, mit wenigen anfangen.
2. An *einer* Stelle etwas ausprobieren.
3. Bei allen Versuchen, die neuentdeckten Elemente der Besinnung, des Gebets und des Feierns praktizieren.

Herr, wir möchten den Mut zur Vorläufigkeit haben. Wir wollen die alten Formen des Dienstes dankbar nutzen, solange wir nichts Brauchbareres wissen. Wir wollen über dem Traum vom großen Neuanfang die kleinen Korrekturen nicht versäumen, die an unserer Arbeit heute fällig sind. Wir wollen zu improvisieren wagen, wo langfristige Lösungen nicht in Sicht sind. Wir wollen der Versuchung widerstehen, uns in den armseligen Provisorien dieser Welt einzurichten, als wären es Endgültigkeiten. Denn endgültig ist nur dein Reich. Wir bitten dich um den Mut zur Vorläufigkeit. Amen.

Vater unser
Segen

Geht im Frieden in die Welt.
Seid voller Hoffnung, weil Christus lebt.
Laßt euch nicht vom Bösen überwinden,
sondern überwindet das Böse mit Gutem.
Dankt Gott.
Ehrt alle Menschen,
indem ihr euch an den Gaben des Heiligen Geistes erfreut.
Und der Segen Gottes, des Vaters, des Sohnes und des Heiligen Geistes
sei mit uns allen. Amen.

Lied

Das Sahel-Kapitel

Weil wir von Hilfe leben

gegen den Hunger-Tod
weiterer Millionen Afrikaner

gegen die weitere Verwüstung
der Randgebiete der Sahara

gegen die Austrocknung
internationaler Solidarität

gegen verstaubte Staats-Begriffe
und asozialen National-Stolz

gegen verkrustetes Ressort-Denken
und anachronistische Bürokratie

Für eine soziale Weltinnenpolitik

Das Haus der Welt

Das ist das große Problem der Menschheit: Wir haben ein großes Haus geerbt, ein großes »Haus der Welt«, in dem wir zusammen leben müssen – Schwarze und Weiße, Morgenländer und Abendländer, Juden und Nichtjuden, Katholiken und Protestanten, Moslems und Hindus –, eine Familie, die in Ideen, Kultur und Interessen zu Unrecht getrennt ist. Weil wir niemals wieder getrennt leben können, werden wir lernen müssen, in Frieden miteinander auszukommen. Alle Bewohner der Erde sind jetzt Nachbarn.

*Martin Luther King**

Mobilisierung der öffentlichen Meinung

Die Jungen und Mädchen, die dies ... lesen, werden diese Erde mit sieben, vielleicht mit zwölf Milliarden Menschen teilen müssen. Ob die Verhältnisse dann erträglich oder chaotisch sein werden, hängt davon ab, wieviel wir heute für die Dritte Welt tun können: durch eine Entwicklungspolitik, die sich als Partnerschaftshilfe versteht, durch eine Neustrukturierung des Welthandels, der nicht auf dem einseitigen Vorteil der Industrieländer aufbaut, aber auch durch Mobilisierung einer öffentlichen Meinung, die sich mehr auf aktive Anteilnahme als auf eingefleischte Vorurteile stützt.

*Erhard Eppler***

* Aus einer gleichnamigen Predigt von Dr. Martin Luther King, Fischer Taschenbuch Nr. 937, 1968, S. 138.

** Aus Dr. Erhard Epplers Vorbemerkung zum »Lesebuch Dritte Welt«, Peter Hammer Verlag, 1974, S. 6.

Es gibt etwas Neues unter der Sonne

Jahrhundertelang mag es klug und weise gewesen sein, der Bibel nachzusprechen oder stillschweigend zuzustimmen: »Es gibt nichts Neues unter der Sonne« (Prediger 1, Vers 9). Indes hat die Geschichte der Menschen in wenigen Jahrzehnten einen qualitativen Sprung gemacht. Informierte Zeitgenossen begreifen, daß entscheidend neue Faktoren den Lauf des Geschehens bestimmen. Eine in Grundzügen erkennbare Zukunft verlangt, schon jetzt genau beachtet zu werden. Die Grenzen des Wachstums kamen in Sicht. Der »Jahrtausendmensch« ist kein Haus- und Kindermärchen, sondern wächst schon jetzt in Massen heran und fordert menschliche Lebensbedingungen an der Schwelle zum nächsten Jahrtausend.

Weltinnenpolitik

Es ist bereits ein Jahrzehnt vergangen, seit Carl Friedrich von Weizsäcker zum erstenmal öffentlich von Weltinnenpolitik sprach. 1963 erhielt der Physiker und Philosoph den Friedenspreis des Deutschen Buchhandels und sprach in der Frankfurter Paulskirche über die »Bedingungen des Friedens«. Dabei stellte er drei einfache Thesen deutlich heraus:

1. Der Weltfriede ist notwendig.
2. Der Weltfriede ist nicht das goldene Zeitalter.
3. Der Weltfriede fordert von uns eine außerordentliche moralische Anstrengung.

Diese Thesen scheinen mir heute schon fast selbstverständlich. Nehmen wir sie ernst, so folgt aber viel aus ihnen. Ich wiederhole sie daher, zunächst mit wenigen erläuternden Sätzen:

1. Der Weltfriede ist notwendig. Man darf fast sagen: der Weltfriede ist unvermeidlich. Er ist Lebensbedingung des technischen Zeitalters. Soweit unsere menschliche Voraussicht reicht, werden wir sagen müssen: Wir werden in einem Zustand leben, der den Namen Weltfriede verdient, oder wir werden nicht leben.

2. Der Weltfriede ist nicht das goldene Zeitalter. Nicht die Elimination der Konflikte, sondern die Elimination einer bestimmten Art ihres Austrags ist der unvermeidliche Friede der technischen Welt. Dieser Weltfriede könnte sehr wohl eine der düstersten Epochen der Menschheitsgeschichte werden. Der Weg zu ihm könnte ein letzter Weltkrieg oder blutiger Umsturz,

seine Gestalt könnte die einer unentrinnbaren Diktatur sein. Gleichwohl ist er notwendig.

3. Eben darum fordert der Weltfriede von uns eine außerordentliche moralische Anstrengung. Er ist unsere Lebensbedingung, aber er kommt nicht von selbst, und er kommt nicht von selbst in einer guten Gestalt. Seit die Menschheit besteht, hat es, soweit wir wissen, den Weltfrieden nicht gegeben; etwas Beispielloses wird von uns verlangt. Die Geschichte der Menschheit lehrt, daß das bisher Beispiellose oft eines Tages verwirklicht wird. Dies geschieht nicht ohne außerordentliche Anstrengung; und wenn der Friede menschenwürdig sein soll, muß die Anstrengung moralisch sein.

Ich gehe nun ins einzelne, und gleichsam als Überschrift wiederhole ich die Thesen ein drittes Mal mit je einem begründenden Zusatz:

Der Weltfriede ist notwendig, denn die Welt der vorhersehbaren Zukunft ist eine wissenschaftlich-technische Welt.

Der Weltfriede ist nicht das goldene Zeitalter, sondern sein Herannahen drückt sich in der allmählichen Verwandlung der bisherigen Außenpolitik in Welt-Innenpolitik aus.

Der Weltfriede fordert von uns eine außerordentliche moralische Anstrengung, denn wir müssen überhaupt eine Ethik des Lebens in der technischen Welt entwickeln.

(Aus: C. F. von Weizsäcker, Bedingungen des Friedens, Vandenhoeck & Rupprecht, Göttingen, 1963.)

Partnerschaftshilfe

Alle Abgeordneten des Deutschen Bundestages wurden von BROT FÜR DIE WELT gebeten, sich bei Aktionen in ihren Wahlkreisen am Verkauf der Sahel-Plaketten zu beteiligen. (Etwa 80 Abgeordnete haben zustimmend reagiert.)

In der Öffentlichkeit hat der Vorschlag Eindruck gemacht, in der verwüsteten Savanne der Sahel-Zone einen Waldstreifen von mindestens 3000 km Länge und 10 km Tiefe anzulegen, um das weitere Vordringen der Sahara zu stoppen. Was wird aus diesem Plan werden?
Sahil (= Ufer) nannten die Araber schon vor Jahrhunderten den grünen Landstreifen, als sie den Südrand der Sahara erreichten. Der Sahel-Gürtel stellt den Übergang von der Wüste zum tropischen Urwald dar und zieht sich rund 3000 km quer durch den ganzen Kontinent.
Die sechs Länder der Sahel-Zone sind aus der ehemaligen Kolonie Französisch-Westafrika in die politische Selbständigkeit entlassen worden. Zusammen zählen sie heute rund 23 Millionen Einwohner, davon leben etwa 5 Millionen Menschen in der eigentlichen Sahel-Zone. Dies Gebiet wurde überwiegend landwirtschaftlich genutzt und ist daher von der Dürre besonders stark betroffen. Eine Expertengruppe der FAO, einer UNO-Organisation für Lebensmittel- und Landwirtschaftsfragen, hat die Sahel-Länder besucht. Die Berichte sind alarmierend. Die Experten wußten, daß es nicht Allah war, der die Dürre über die Sahel-Zone gebracht hatte, sie wußten, daß die Herden zu groß und die Weiden übermäßig beansprucht worden waren. Aber erst allmählich wird klar, daß dauernder Hunger und einseitige Ernährung nicht nur die heute lebenden Menschen, sondern auch die Kinder unterernährter Eltern lebenslänglich beeinträchtigt und sozial benachteiligt. Erst jetzt wird klar, daß die Katastrophe aus Mangel an rechtzeitiger wirtschaftlicher und wissenschaftlicher Zusammenarbeit die Tendenz hat, sich als eine soziale Sahel-Katastrophe fortzupflanzen. (Siehe »Hunger macht dumm«.)

Sahel '74 '75 '76 '77 '78 '79 '80 '81 '82 '83 '84 '85 '86 '87 '88

Es nützt niemandem, sich ein paar Tage lang darüber aufzuregen, daß in den Sahel-Ländern angeblich schon seit Jahren alles schiefgegangen ist und daß andererseits die vielen privaten, offiziösen und offiziellen Hilfsaktionen weder rechtzeitig gestartet wurden noch ausreichend koordiniert waren. Mit kurzfristigem Mißmut und konzeptionsloser Empörung ist nichts getan. Die Bäume der Sahel-Erkenntnis, die jetzt zu pflanzen sind, brauchen sachkundige Pflege und ein Klima von Weltinnenpolitik, um zu gedeihen. Doch der große Welt-Hunger-Gürtel ist eigentlich noch viel länger, er reicht von Peru und dem Nordosten Brasiliens über die Sahel-Zone hinweg nach Äthiopien, Pakistan und Indien. Sahel '74 heißt nur einer unter vielen Hilfeschreien. Aber er muß gehört und zum weltinnenpolitischen Impuls-Geber werden, zu einem SOS, das jeder Erdenbürger verstehen kann.

Mobilisierung der öffentlichen Meinung

Die Möglichkeiten, Weltinnenpolitik durch Public relations ins Bewußtsein der Öffentlichkeit zu bringen, sind begrenzt. Öffentliche Meinung, die politisch tragfähig und fruchtbar sein soll, ist eben mehr als veröffentlichte oder suggerierte Meinung; ohne Verbindung mit persönlicher und gesellschaftlicher Erfahrung welkt sie meistens schnell dahin. In bezug auf Weltinnenpolitik müssen deshalb neue Einsichten vermittelt werden, die jeden betreffen und jedermanns Lebenslauf und Antriebskraft und die Entdekkung neuer Beziehungen und Zusammenhänge als wichtig und folgenreich erkennbar werden lassen. Weltinnenpolitik ist eine Herausforderung. Sie fordert jeden aus den gewohnten und allzu eingewohnten persönlichen, gesellschaftlichen und politischen Verhaltensweisen heraus. Weltinnenpolitik ist keine neue Theorie, sondern da und dort schon vorgelebte neue Praxis und vornotiertes Recht.

Die Menschenrechte, denen die meisten UNO-Mitgliedsstaaten zugestimmt haben, sind bereits 25 Jahre alt. Sie brauchen nicht erst erfunden zu werden. Aber Sahel '74 kann deutlich machen, woran es in bezug auf die konkrete Anwendung der Menschenrechte noch fehlt: nämlich an der verbindlichen Pflicht zur Hilfeleistung sowie an der Strafwürdigkeit unterlassener Hilfeleistung.

We shall overcome

Die amerikanische Bürgerrechtsbewegung hat mit überwältigender Eindringlichkeit gezeigt, was gewaltloser Widerstand gegen mangelhaftes Recht und faktisches Unrecht auszurichten vermag. Allein die Demonstration, die bewußt pointierte Darstellung der politischen Verhältnisse, wie sie wirklich sind und wie sie wirken, half dem politischen Wissen und dem sozialen Bewußtsein nicht nur der amerikanischen Öffentlichkeit einen großen Schritt weiter. Ethik, Praxis und Erfahrung der amerikanischen Bürgerrechtsbewegung, verbunden mit den Menschenrechten, wie die Vereinten Nationen sie festgelegt haben, bieten einen guten Grund, für soziale Weltinnenpolitik tätig zu werden. Weltfriede und Weltinnenpolitik gehören zusammen. Unter diesem Aspekt kann wirtschaftliche Zusammenarbeit über sich selbst hinauswachsen.

Weltinnenpolitik ist eine konkrete Utopie.

Soziale Weltinnenpolitik ist ein Traum.

Martin Luther King hat ihn Zeit seines Lebens vorausgeträumt. Er war so frei, konstruktiv zu träumen.

Letzte Meldungen aus ...

▲▲▲ MAURETANIEN. Ein Land, das fünfzehnmal so groß ist wie Österreich und wo halb so viele Menschen wie in Wien leben. 80 Prozent der Bevölkerung ist von der Dürrekatastrophe betroffen. Über 80 Prozent des Viehs sind verdurstet, verhungert oder auf Suche nach Wasser außer Landes getrieben.

▲▲▲ SENEGAL. Hier leben zwanzig Menschen auf einem Quadratkilometer, aber fünfmal soviel Rinder, Pferde, Esel, Kamele, Schafe, Ziegen und Büffel. Genaue Angaben über die Viehverluste fehlen. 60 Prozent der Bevölkerung leiden unter den Folgen der Dürre, davon sind fast die Hälfte Kinder im Alter von einem bis zu 14 Jahren.

▲▲▲ MALI. Ein Riesenreich zwischen Wüste und Urwald, durch das fast zweitausend Kilometer der Niger fließt. Trotzdem sind vier von fünf Menschen von der Katastrophe betroffen. Die Nomaden haben beinahe den ganzen Viehbestand verloren.

▲▲▲ OBERVOLTA. Nur der Norden dieses Landes liegt in der Sahel-Zone. Aber hier ist das Vieh an Durst und Hunger krepiert. Die meisten Bewohner sind in der Landwirtschaft tätig. Sie haben schwere Einbußen bei der Getreide- und bei der Baumwollerzeugung hinnehmen müssen.

▲▲▲ NIGER. Zwei Drittel sind Wüste und Halbwüste. Das Land liegt in einem der heißesten Gebiete der Erde. 35 Prozent der Bevölkerung sind von der Dürre betroffen. Davon die Hälfte Kinder. Von den großen Rinderherden in der Sahel-Zone ist ein Drittel verhungert oder verdurstet.

▲▲▲ TSCHAD. Nur ein Fünftel des Landes kann landwirtschaftlich genutzt werden. Im Sahelgürtel lag das Weidegebiet. Hier verdursteten oder verhungerten 80 Prozent des Rindviehbestandes. Und das Vieh war nach der Baumwolle die zweitgrößte Einnahmequelle des Landes.

▲▲▲ ÄTHIOPIEN. Auch hier sind einige Provinzen in drei aufeinanderfolgenden Jahren von einer Dürrekatastrophe heimgesucht worden. Darunter hatten rund zwei Millionen Menschen zu leiden, besonders die viehzüchtenden Nomaden, bei denen von zehn Rindern nur eins überlebte.

(Aus: »Weltblick«, Sonderausgabe Soforthilfe Afrika, Bonn, 1973.)

Hunger macht dumm

▲▲▲ Bei uns bedeutet für viele zu hungern: schlank werden, schön werden, up to date zu sein. Denn zu hungern ist schick, wenn man es nicht aus Not tun muß.

▲▲▲ Hungern aus Not aber tut nicht nur weh, es birgt Gefahren. Sie werden oft unterschätzt. Der Mangel an Eiweiß, Vitaminen und anderen lebenswichtigen Stoffen beeinflußt mehr als nur die Taillenweite.
▲▲▲ Schon ungeborene Kinder, deren Mütter zu wenig oder zu einseitige Nahrung zu sich nehmen, sind nicht nur in ihrer körperlichen, sondern auch in ihrer geistigen Entwicklung gefährdet. Kinder, die unter Mangelerscheinungen leiden, können nur durch eine gezielte medizinische Behandlung und eine speziell zugeschnittene Diät vor lebenslangen körperlichen und geistigen Schäden bewahrt werden. Sonst beginnt sich der Teufelskreis der Unterentwicklung zu schließen.
▲▲▲ Das Kind, das als Baby Hunger leidet, kann sich geistig nicht so entwickeln wie zum Beispiel Kinder in Industrieländern – es hat kaum Aussicht auf eine gute Schul- und Berufsschulausbildung. Damit entfällt die wichtigste Grundlage für ein sicheres Einkommen. Die Sorgen um die täglichen Nahrungsmittel, die Angst vor Hunger wird er sein Leben lang nicht loswerden. Soziologisch wird er zur Klasse der im höchsten Maße Abhängigen gehören. Volkswirtschaftlich wird er eher zur Gruppe der Empfangenden denn der Produzierenden gehören.

Kein schicksalhaftes Naturereignis

▲▲▲ Die Dürrekatastrophe ist kein »schicksalhaftes« Naturereignis. Entscheidend verursacht wurde sie durch die Politik der Kolonialmächte, fortgesetzt in der Ausbeutungsstrategie multinationaler Konzerne und ihrer innerafrikanischen »Partner« sowie durch die ungerechten Strukturen des Welthandels.
▲▲▲ Es ist abzusehen, daß weitere Krisen dieser Art bevorstehen, denn die erweiterte Europäische Gemeinschaft wird Abhängigkeit und wirtschaftliche Fehlentwicklung in Afrika vermehren. Selbstversorgung und eine zugleich ausreichende wie ausgewogene Eigenentwicklung läßt sich nur durch strukturelle Änderungen der wirtschaftlichen und gesellschaftlichen Verhältnisse sowie Außenbeziehungen erreichen.
▲▲▲ Die verheerenden Folgen der Dürre hätten vermieden werden können, wenn Entwicklungshilfe nicht einseitig für die Interessen der Industrieländer geplant und eingesetzt worden wäre, sondern als Hilfe zur Selbsthilfe für Bauern, Arbeiter und Unterbeschäftigte – für die Mehrheit der Bevölkerung. Statt dessen hat sie überwiegend der Bereicherung der Bürokratien und Großgrundbesitzer gedient.
Auch deutsche Wissenschaftler können sich nicht damit begnügen, Entwicklungen lediglich zu analysieren und aufzuzeigen. Zusammen mit

afrikanischen Kollegen müssen sie darauf dringen, daß endlich solche Entwicklungsprogramme entworfen und durchgesetzt werden, die eine Wiederholung solcher Katastrophen verhindern.

Mitarbeit

Der Diplomaten-Slogan »Was muß eigentlich noch geschehen, damit etwas geschieht?« macht das Kopfschütteln gut informierter Köpfe durchaus sinnfällig. Allzu oft steht das Beharren auf eingefahrenen Verhaltensweisen in katastrophalem Kontrast zur konkreten Situation und der Notwendigkeit, unerwarteten oder absehbaren Fakten und Entwicklungen tätig zu entsprechen. In bezug auf notwendige Weltinnenpolitik ist freilich klar, daß viele noch gar nicht wissen, was das ist; andere hingegen wissen nur zu genau, welche Regeln und Riten, Interessen und Tabus aufzugeben wären, sobald nationale Außenpolitiken allmählich in Weltinnenpolitik übergehen. Die wichtigsten Sozial-Sektionen der UNO markieren deutlich, auf welchen Gebieten neue Formen internationaler Sozialarbeit erprobt werden müssen: Weltbevölkerung, Welternährung, Gesundheit, Bildung, Arbeit, und nicht zuletzt Ökologie. Dagegen heben sich die stärksten Bastionen traditioneller Nationalstaatlichkeit deutlich ab: Wirtschaft, Währung, Recht und Verteidigung.
Sieht man den Planeten Erde aus der Perspektive des Mondes, dämmert allmählich, wieviel politischer Kitsch auf Erden produziert und subventioniert wird, wieviele anachronistische Zustände und Verhältnisse künstlich oder gewaltsam aufrechterhalten werden. Politik, die ihren Namen heute und morgen verdient, muß die Welt als Ganzes ins Auge fassen. Im Blick auf die Welt der Menschen dürfen die Vorstellungen von »Polis« und »Ökumene« nicht länger parzelliert und separat behandelt werden. Weltinnenpolitik erwächst aus dem kleinsten gemeinsamen Vielfachen aller Menschenrechte und Menschenpflichten.

Die folgenden Beiträge können zur Mobilisierung der öffentlichen Meinung dienen. Die Kurzgeschichten und Dialoge von Rüdiger Siebert und Klaus Lefringhausen wurden für diesen Zweck geschrieben.

Rüdiger Siebert, geboren 1944 in Chemnitz, lebt heute als Redakteur der Asien-Redaktion der Deutschen Welle in Köln. Als freier Journalist unternahm er 1971/72 eine 14monatige Reise durch 21 afrikanische Staaten, von Tunesien bis Tansania. 1973 führte ihn eine sechswöchige Reise zum Sudan, nach Indonesien, Thailand und Bangladesh. Siebert reiste nicht als ein Tourist, der ebensogut auch woandershin hätte reisen können, sondern als aufmerksamer Beobachter, der selbst erfahren wollte, wie die Menschen in den ärmsten Ländern Afrikas und Asiens leben.

Michel Kayoya, geboren 1934 in einem kleinen Dorf im Norden Burundis (Afrika), gehörte zum Stamme der Hutu. Kayoya besuchte die Grundschule in seinem Dorf und später ein Gymnasium. In Belgien studierte er Theologie. 1963 wurde er zum Priester geweiht. Danach war er Pfarrer in seiner Heimatdiözese Gitega/Burundi, später Rektor der Barundi-Priester-Schule in Mugera/Burundi. Anfang Mai 1972 wurde er verhaftet und beschuldigt, ein »Anführer« zu sein, und am 15. Mai 1972 ohne Urteil und Gerichtsverfahren erschossen und in ein Massengrab geworfen. –
Kayoyas Bücher »Sur les traces de mon père« (Auf den Spuren meines Vaters) und »Entre deux mondes« (Sprich deine Sprache, Afrika) sind in deutscher Fassung im Jugenddienst-Verlag erschienen. Ihnen sind die erzählten Erklärungen einiger wichtiger Begriffe entnommen, ohne die die soziale Lage der meisten afrikanischen Völker kaum zu verstehen und schwer zu beschreiben ist:

Unterernährung
Arbeitslosigkeit
Sozialer Stumpfsinn
Sozialer Wandertrieb
Soziale Kurzsichtigkeit
Religiosis
Unterentwicklung

Klaus Lefringhausen, geboren 1934 in Wuppertal, studierte Wirtschafts- und Sozialwissenschaft in Köln. Dr. rer. pol. Mehrere Jahre in kirchlichem Dienst, zuletzt als Leiter des Sozialwissenschaftlichen Instituts der Evangelischen Kirche in Deutschland, Bochum, später Geschäftsführer des Deutschen Forums für Entwicklungspolitik in Bonn, zur Zeit Leiter des Instituts für Sozialökonomie in Düsseldorf-Mettmann.
Mehrere Reisen führten ihn in verschiedene Entwicklungsländer Asiens und Afrikas, außerdem nahm er an internationalen Konferenzen über Welthandelsfragen teil. Lefringhausens Spezialgebiete sind Entwicklungspolitik, Industriesoziologie und politische Soziologie. Sein Dialog *Was ihr ge-*

tan habt einem der Geringsten vermittelt Stimmen und Stimmungen vom Rande jener großen Konferenzen, auf denen Menschen über das Schicksal von Menschen entscheiden.

Aber nicht nur Fachleute, jeder geistesgegenwärtige Zeitgenosse kann an seinen Platz und mit seinen Mitteln an einer vernünftigen Weltinnenpolitik mitarbeiten. Er braucht dazu nicht nur ein lebhaftes Informationsinteresse und die nötige Entschlossenheit, sich fehlende Informationen zu beschaffen, sondern auch Phantasie und Gestaltungslust. Sobald er herausgefunden hat, daß die Gegenwart nicht bloß eine Fortsetzung der Vergangenheit ist, sondern daß gegenwärtiges Geschehen in steigendem Maß von der Zukunft mitbestimmt wird, erscheint die gegenwärtige Lage der Weltbevölkerung wie in einem neuen Licht. Davon muß gesprochen werden, daß alle gegenwärtigen gesellschaftlichen Zustände und Verhältnisse gemacht wurden – und folglich auch veränderbar sind. Diese Einsicht ist ebenso einfach wie folgenschwer. Wer will, kann zu verhindern suchen, daß sie um sich greift und daß viele zu dieser Einsicht gelangen. Wer anders will, kann mithelfen, diese Einsicht zu vertiefen, nicht nur arbeitend, sondern auch spielend, denn die Mobilisierung der öffentlichen Meinung wird nicht zuletzt von den reitenden Boten der Phantasie angezettelt.
Nicht nur technische, sondern vor allem »moralische Phantasie« ist nötig, um schöpferische Vorstellungskraft zu wecken und soziale Weltinnenpolitik politische Wirklichkeit werden zu lassen.

Rüdiger Siebert: Rast in Atar

Eine Kurzgeschichte

Atar ist eines der wenigen Städtchen in der islamischen Republik Mauretanien. Flache Häuser umgeben den staubigen Marktplatz. Vor der Krankenstation stehen ein paar verdorrte Bäume. Trockene Hitze flimmert über dem Platz. Die Wedel der wenigen Palmen rühren sich nicht, sie wirken so steif, als seien sie aus Plastik. Kein kühlender Luftzug. Die geringste meiner Bewegungen wird zur Mühsal. In einem der schattigen Restaurants, deren Wände mit Fliegendreck getupft sind, lassen wir unser Gepäck stehen, um in der mittäglichen Glut nach einem Gefährt zu suchen, das uns nach Nouakchott bringen könnte. Ich frage einen jungen Mann, der einen bodenlangen Boubou trägt, den blauen maurischen Überwurf mit kunstvollen Stickereien.

»Wenn Sie mit mir sprechen wollen, dann lernen Sie Arabisch«, sagt er in selbstbewußtem Ton, »Französisch ist die Sprache der Kolonisatoren.« Er selbst sprach exzellent französisch, um mir diese Abfuhr zu erteilen. Dann wendet er sich ab.

Andere Jungen bleiben stehen, umringen uns, genieren sich nicht, mit den Fremden zu reden, den Weißen, sie sagen uns auf Französisch, wie verhaßt ihnen diese Sprache ist, die Amtssprache ihres Landes. Ich höre zu. Vom Imperialismus, vom Proletariat und von Mao sprechen die Jungen, die sich Oberschüler und Arbeiter nennen. Sie sprechen von Ausbeutung und meinen die MIFERMA, die Erzabbaugesellschaft, die fest in französischer Hand ist. In ihren braunen Gesichtern glimmt Fanatismus. Das Wort Revolution geht ihnen glatt über die Lippen. Sie begeistern sich für Rotchina. Radio Peking ist über Kurzwelle auch in der westlichen Sahara zu empfangen. Diese neuen Worte hatten einen langen Weg, ehe sie auf dem staubigen Marktplatz von Atar nachgesprochen werden. Aber sie fielen auf fruchtbaren Boden.

Rings um den heißen Platz sitzen Händler und Handwerker. Ein paar Ziegen werden vorübergetrieben. Zeitlose Bilder, dachte ich. Zeitlos?

Die Jungen sagen, daß diese Einöde keine Einöde ist. Sie gehören zu den wenigen, die eine Schule besucht haben. Einer von ihnen erklärt uns, daß er seine Zukunft nicht darin sehe, so, wie jene Händler da drüben, später selbst so zu sitzen und billigen Tand zu verhökern. »Was heißt das«, frage ich, »was willst du werden?« Die Antwort bleibt offen. »Man wird sehen«, sagt der Junge. »On verra.« Dann geht auch er weg.

Rüdiger Siebert: Der brennende Busch

Eine Kurzgeschichte

Alle Männer des Dorfes sind auf den Beinen, die Jungen bestehen ihre Feuerprobe, aufgeregt laufen sie vor den prasselnden Flammen her, in den Händen bloße Knüppel oder das Allerweltswerkzeug der Bauern in der afrikanischen Savanne, Hacken aus gebogenem Holz, an deren Enden Eisenkrallen stecken, verlängerte Arme, mit denen die verkrustete Erde aufgeritzt wird. Doch heute ist die Hacke nicht Werkzeug des Bauern, sondern Waffe der Jäger. Der Busch brennt, angezündet von den Männern des Dorfes, die Treibjagd beginnt.

Die Hitze kriecht mir durch die Schuhsohlen, mir ist, als liefe ich über eine glühende Herdplatte. Ich will die Menschen aus der Nähe sehen, die vor der Flammenwand umherspringen und mit ihren dünnen Sandalen aus abgefahrenen Autoreifen weit weniger gegen den aufgeheizten Boden geschützt sind als ich in meinen Stiefeln. Ein glutheißer Wind treibt mir Asche in die Augen, wirbelnde Halme, verkohlte Blätter. Die flimmernde Luft läßt den Horizont zu Gelee verwackeln. Es stinkt nach versengtem Gummi.

Unaufhaltsam frißt sich das rotzüngige Ungeheuer durch ausgedörrtes Knieholz, verschlingt das niedrige Gestrüpp, benagt das Geäst der knorrigen Bäume, der einstigen Schattenspender, die vereinzelt in der braungelben Ebene stehen.

Überall die gleiche Einförmigkeit, vom Senegal bis zum Niger und bis zum südlichen Sudan. Auf dem bröckelnden Boden lastet in den Monaten der Trockenzeit täglich zwölf Stunden lang eine Glutsonne, die alles Leben lähmt. Über die endlosen Weiten des afrikanischen Buschs weht die Todesahnung einer versengten Natur. Regen ist Wiedergeburt. Regen ist Erlösung. Allah oder die Geister der Ahnen oder alle zusammen, je nach dem Glauben der Sahel-Bewohner, werden beschworen, die Schleusen zu öffnen. Aber die gewohnte Anrufung hatte von Jahr zu Jahr weniger Resonanz. Die Erlösung blieb aus. Der Busch brennt.

Einmal in jedem Jahr werden die Bauern hier zu Jägern. Die Erdratten und die Schlangen und die kleinen Antilopen haben keine Chancen zu entkommen. Was den Flammen entrinnt, wird erschlagen. So taten es schon die Ahnen. Jedes Jahr nach der Ernte wird die versengende Bestie losgelassen.

Ein junger Bursche lacht mir zu. Er schleift eine Antilope hinter sich her. Auf seiner schwarzen Haut glänzt triefender Schweiß. Um seine Lenden hat der glückliche Jäger die Reste einer kurzen Hose geschlungen, die

Fetzen sehen aus, als seien sie an diesem sehnigen Körper alt geworden; aber sicher war der Stoff schon alt, als er aus einer Kleiderspende europäischer Mildtätigkeit bis auf den Markt des Dorfes geriet, verhökert vom Wanderhändler.

Der junge Bursche lacht mir zu. Er darf sich als Held des Tages fühlen. Es ist selten geworden, daß in diesen Breiten so eine Antilope den Flammen entkommt. Auch diese Tiere sterben aus, ausgehungert von der Dürre, ausgerottet von den Buschbränden. Und beides ist in folgenschwere Zusammenhänge verschlungen, von denen der junge Bursche kaum etwas ahnt. Er weiß: die Ernte war mager in diesem Jahr. Und der Buschbrand ist eine Hoffnung, einmal satt zu werden.

So lehrten es die Ahnen: Das Feuer soll den Braten bringen, und die Asche düngt den Boden für die nächste Saat. Doch Tradition hat ihre Tücken. Jeder Buschbrand bahnt der Wüste den Weg nach Süden. Der Moloch Sahara wächst. Wo vor Jahrzehnten noch blühende Siedlungen waren, steht heute kein Baum mehr, hält weder Gras noch Gestrüpp das Wasser im Boden fest. Der Boden ist tot. Die Wüste rückt nach Süden vor.

Mir steigt der ätzende Rauch in die Nase, hustend lache ich zurück. »Ein guter Tag heute!« ruft mir der Junge zu, seine Kameraden stürmen ihm entgegen, um die Beute mit vereinten Kräften ins Dorf zu schleppen. Ist es ein guter Tag, der mit dem Festschmaus endet? Heute abend können sich die Menschen in diesem Dorf satt essen. Doch im nächsten Jahr werden sie noch mehr hungern müssen. Der Junge mit der zerfetzten Hose sieht den Zusammenhang zwischen der verbrannten Erde und dem wachsenden Hunger nicht. Er lacht mir zu: ein breites, in sich ruhendes Lachen. Ich trete auf verkohlte Heuschrecken, ihre Sprünge waren zu kurz, um dem nahenden Feuer zu entkommen. Es knirscht, als hätte ich mürbe Knochen zertreten.

Rüdiger Siebert: Zurück nach Yamba

Ein Lesespiel

Personen: Der Erzähler (oder: Die Erzählerin)
Amadou, ein Junge aus Obervolta, etwa 18 Jahre alt
Kango, Amadous jüngerer Bruder
Gérard, André – Freunde von Amadou, etwa gleichaltrig
Sangoulé, alter Mann
Sarga, ein Mädchen aus demselben Dorf
Maurice, Lehrer für die Schüler mehrerer Dörfer

Vortrag: Wird die Erzählung »Zurück nach Yamba« vorgelesen, darf der *kursiv* gedruckte Text nicht mitgelesen werden! Zum Vorlesen eignet sich nur der normal gedruckte Text sowie der **halbfett** gedruckte Spieltext. Das heißt: die kursiv gesetzten Regieanweisungen sind außer acht zu lassen.

Spiel: Wird die Erzählung »Zurück nach Yamba« gespielt, sind die *kursiv* gesetzten Regieanweisungen genau zu beachten. Jedoch: nur der **halbfett** gesetzte Spieltext wird von den Spielern gesprochen.
Die Jungen tragen zerschlissene Hemden und Hosen europäischen Schnitts, der alte Sangoulé hat einen weißen Überwurf an, Sarga eine Bluse und einen langen Wickelrock. Sie gehören dem Volk der Gourmantché an, das in der wasserarmen Savanne des östlichen Obervolta überwiegend vom Ackerbau lebt.

Die Szene: eine Dorfschenke in Yamba, nördlich von Fada-N'Gourma. Ein einfacher Tisch, ein paar Hocker, eine oder mehrere Petroleumlampen, Kalebassen aus getrockneten Kürbissen, die in den südlichen Saharaländern als Gefäße verwendet werden. Vom Grammophon hört man High-life-music, eine Mischung von lateinamerikanischen Rhythmen und zentralafrikanischen Melodien von Schallplatten, die in Europa nur selten, in den Hauptstädten Westafrikas in großer Zahl zu haben sind.

Regie: Mit Ausnahme der Anfangs- und der Schlußszene werden Erzähler und Szene nur im Wechsel beleuchtet; das heißt: sofern nichts anderes vermerkt ist, Licht nur dort, wo gerade gesprochen wird. Sehr wichtig: bitte nicht versuchen, die Spieler mit Kakao oder brauner Farbe zu beschmieren, um sie zu »Negern« zu machen! Aus dem Spiel und der Spielweise muß ohne Vulgär-Retuschen deutlich werden, daß eine Handvoll Spieler hierzulande einen Vorgang zur Anschauung bringt, der sich in vielen Dörfern Afrikas ereignet hat und noch ereignet.

Erzähler: **Wer weiß, was eine Windhose ist? Meteorologisch gesprochen: eine Trombe! – Ich glaube, die meisten von uns wissen, was eine Windhose ist, auch wenn sie hierzulande nicht allzu oft vorkommt. Das ist ein Wirbelwind, ein räumlich und zeitlich sehr begrenzter Wirbelwind. – Aber wer von uns weiß, was ein Wirbelwind bedeutet? Wir denken, eine Windhose ist eine Windhose, das ist eben keine Hose zum Anziehen, die kriegt man auch nirgends zu kaufen, das ist so eine Art Mini-Tornado; und Tornados, das sind Wirbelstürme, die bei bestimmten Wetterlagen in Mexiko, Amerika und Westafrika entstehen; gewaltige Zwirbel, gegen die sich niemand wehren kann. Uns ist das klar. Uns ist so vieles klar. Aber es geht zunächst auch gar nicht um uns. Heute geht es vor allem um Amadou, einem ungefähr achtzehnjährigen Jungen aus einem kleinen Dorf in Westafrika, genauer gesagt, aus dem Dorf Yamba nördlich der Stadt Fada-N'Gourma in Obervolta, einem Land, in dem es öfter solche Wirbelstürme gibt.**

Amadou stammt aus dem Volk der Gourmantché. Vor etwa zwei Jahren war er aus seinem Heimatdorf weggegangen, und als er aus der großen weiten Welt zurückkam, als er die letzte Strecke seines Heimwegs auf seinem eigenen Fahrrad zurücklegte, da kam so eine Windhose auf ihn zugerast. Beinah wäre Amadou vom Rad gestürzt, so mächtig überfiel ihn der wirbelnde Kreisel aus Sand, Staub, Blättern und verdorrten Ästen. Mit tausend Armen packte ihn der Wind, zerrte an seinen neuen Sachen, riß ihn an Hemd und Hose, peitschte Sand in seine Augen und ließ ihn ebenso plötzlich, wie er gekommen war, zerzaust und gebeutelt zurück. Doch Amadou hatte keine Angst, als er nach diesem stürmischen Überfall auf der sandigen Piste weiterfuhr. Fast hätte er gelacht, denn ihm war eingefallen, was ihm seine Mutter früher einmal über solche Windhosen erzählt hatte. In diesen Windhosen, hatte seine Mutter erzählt, treiben sich die Seelen unserer Vorfahren umher, die zur Strafe für böse Taten keine Ruhe finden und die Lebenden erschrecken. In den folgenden Jahren hatte Amadou die Erzählung seiner Mutter vergessen. Bei seinem ersten Job in der großen Stadt, damals, als er Haus-Boy war bei einem Entwicklungsexperten, hatte ihm der weiße Mann einmal er-

klärt, wie so eine Windhose zustande kommt. Von Meteorologie war die Rede gewesen, von Millibar und Luftfeuchtigkeit, von Hoch und Tief und anderen seltsamen Wörtern, die Amadou nicht verstand. Die Weißen hatten für alles neue Namen und Erklärungen. Aber wer hatte nun recht? Und was nutzt einem die beste Erklärung, wenn man sieht, daß man so einem Wirbelsturm nicht ausweichen kann? Im Schatten eines Baobabs, eines weit ausladenden Affenbrotbaumes, wischte Amadou sich noch einmal den Staub aus den Augen und klopfte den Sand von der neuen langen Hose ab. Vielleicht waren es doch seine Ahnen gewesen, die ihn so stürmisch umarmt hatten. Vielleicht auch nicht. Es kümmerte ihn nicht. Amadou war stolz, auf seinem eigenen Fahrrad ins Dorf einfahren zu können. Tag und Nacht würden sie ihn ausfragen, wie es ihm in den großen Städten ergangen sei. In der Dorfschenke würden sie Hirsebier zusammen trinken und tausendmal mehr wissen wollen, als er sagen konnte. Zu Hause kochten sie das Hirsebier selbst, tagelang, es sieht bräunlich trübe aus und schmeckt säuerlich. Aber wer nach Hause kommt und Hirsebier trinkt, muß gut aufpassen, daß er nicht mehr erzählt, als ihm und seinen Freunden guttut.

Beleuchter: *(langsam Licht auf die Dorfschenke, die Spieler, von denen der Erzähler spricht, treten auf)*

Erzähler: **Das alte Frage- und Antwortspiel wird schnell in Gang kommen. Vermutlich wird Maurice den Anfang machen, der Dorfschullehrer, der immer etwas zu fragen und zu sagen hat. Und auch der alte Sangoulé wird dabeisein, seinen langen weißen Überwurf tragen und bei jeder Gelegenheit mit dem Kopf nikken, auch wenn er nicht begreift, wovon die Rede ist. Und Sarga natürlich, das vernünftige kleine Mädchen, das immer irgendwie aushilft, wenn es etwas zu helfen gibt. Auch Gérard und André, die einstigen Schulkameraden; sie werden es sich nicht nehmen lassen, ihn ordentlich auszufragen. Vielleicht wird auch Kango dabeisein dürfen, der jüngere Bruder. Falls Mutter es ihm erlaubt, solange aufzubleiben und mit den Männern bis in die Nacht in der Schenke zu sitzen. Wahrscheinlich wird sie es diesmal erlauben, ausnahmsweise, zur Feier des Tages, weil Amadou heimgekommen ist.**

Beleuchter: *(Licht jetzt voll auf der Dorfschenke)*

Maurice: **Und wie lange hast du gebraucht, um nach Hause zu kommen?** will Maurice, der Dorfschullehrer, wissen.

Amadou: Amadou überlegt und sagt: **Warte mal, das muß ich nachrech-**

nen. Von Abidjan bis Ouagadougou bin ich in der Eisenbahn einen Tag und eine Nacht gefahren. Dann habe ich den Bus bis Fada-N'Gourma genommen. Das war noch einmal eine ganze Nacht. Und dann mit dem Fahrrad noch einmal fünf Stunden bis hier. Ihr kennt ja den Weg.

Maurice: **Wieso von Abidjan aus?** Maurice ist überrascht. Auch die anderen staunen. **Abidjan? Ich denke, du hast in Ouagadougou gearbeitet, jedenfalls stand das in deinem Brief so.**

Kango: **Das ist ja der Brief, der ein Jahr alt ist!** ruft Kango dazwischen.

Amadou: **Stimmt,** sagt Amadou. **Ich lebte zuerst in Ouagadougou. Dort war ich Haus-Boy bei einer weißen Familie. In einem feinen Haus. Einen Koch und einen Gärtner hatten sie auch. Dazu elektrisches Licht und zwei Autos. Und einen anderen Plattenspieler, als wir ihn hier haben.** Er deutet mit dem Kopf hinüber zur Theke aus abgewetzten Brettern, wo ein kleiner, mit Batterie betriebener Plattenspieler steht und krächzend Musik von sich zu geben versucht.

André: **Bei den Weißen ist alles besser als bei uns,** meint André und schiebt sich seine Sonnenbrille auf die Stirn, weil er im dämmrigen Licht der Dorfkneipe sonst kaum etwas sähe. André trägt stets diese Sonnenbrille, die er sich auf dem Markt von Fada-N'Gourma gekauft hat, so eine Sonnenbrille, wie die Weißen sie haben; André weiß das aus den illustrierten Zeitschriften, die der Lehrer Maurice manchmal bekommt.

Sangoulé: **Bei den Weißen geht das Geld nie aus,** sagt Sangoulé und nickt mit dem Kopf, **ich glaube, die Weißen machen das Geld selber.**

Gérard: **Ist das erlaubt, das Geld selbst zu machen?** fragt Gérard zurück.

Sangoulé: **Einer wird es schon machen. Geld wächst doch nicht an den Bäumen.** Und wieder nickt Sangoulé mit dem Kopf. Die Jungen kichern.

Maurice: **Was hat denn dein Patron gearbeitet?** fragt Maurice, um auf Amadou zurückzukommen und Neues aus den Städten Westafrikas zu hören.

Amadou: **Das weiß ich auch nicht so genau,** antwortet Amadou, **aber ich erinnere mich: wenn andere Weiße zu Besuch kamen, und wenn Partys gefeiert wurden, dann habe ich oft das Wort »Bewässerung« gehört. Im Büro des Patrons gab es eine Menge Landkarten, auf dem Tisch und sogar an den Wänden.**

Gérard: **Warum bist du nicht bei dem Patron geblieben?** erkundigt sich Gérard interessiert, als wollte er gleich morgen aufbrechen,

	um Amadous Nachfolge bei diesem Bewässerungspatron in Ouagadougou anzutreten.
Amadou:	**Eines Tages hat mir Madame gesagt, daß sie wieder nach Deutschland zurückfahren müssen. Ihre Arbeit sei erledigt, hat sie gesagt, deshalb gäbe es auch für mich keine Arbeit mehr. Auch der Gärtner und der Koch wurden entlassen. Danach hat es mir in Ouagadougou nicht mehr gefallen. Und dann bin ich nach Abidjan gefahren.**
Sarga:	Sarga kann ihre Bewunderung für den jungen Amadou nicht länger verschweigen. **Da bist du ja ein ganz großer Mann geworden,** sagt sie anerkennend, **so weit gereist, bis zur Küste, bis ans Meer.**
Maurice:	**Jetzt wird dir unser Hirsebier gar nicht mehr schmecken,** sagt Maurice, der Dorfschullehrer, **jetzt willst du sicher nur noch Flaschenbier trinken, nicht wahr?**
Amadou:	**Stadt ist Stadt und Land ist Land, daran muß man sich gewöhnen,** sagt Amadou und lacht.
Beleuchter:	*(Licht Dorfschenke langsam ausblenden, Licht auf den Erzähler)*
Erzähler:	**Amadou lacht, halb stolz und halb verlegen. Er genießt es, von seinen Freunden bestaunt zu werden. Aber er traut sich nicht, ihnen offen zu sagen, daß er schon lange kein Bier aus Flaschen getrunken hat, weil ihm das Geld dafür fehlte. Und er verschweigt, warum es ihm in der Hauptstadt Obervoltas nach seinem Job bei dem Bewässerungs-Patron nicht mehr gefallen hat: Weil er nirgendwo Arbeit fand. Wo immer er damals nach Arbeit fragte, im Schlachthof, auf dem Markt oder bei der Straßenbauverwaltung, überall standen sie schon vor ihm an und warteten auf Arbeit und Geld. In den ersten Wochen nach seinem Job schlief Amadou in einer winzigen Kammer, die ein Bekannter an ihn vermietete. Als seine Ersparnisse aufgebraucht waren und er noch immer keine feste Arbeit hatte, trieb er sich nächtelang in der Nähe der Markthalle herum. Schließlich richtete er alle seine Hoffnungen auf Abidjan, die Hauptstadt der Elfenbeinküste, aber sie liegt 1 200 km weiter südlich. Amadou lieh sich Geld und kaufte sich eine Fahrkarte. Der Zug nach Abidjan war überfüllt. Hunderte, Tausende von Männern reisten zur Küste, viele hochgewachsene Nomaden aus dem Norden darunter, denen die Herden in Obervolta, Mali oder im Niger verreckt waren. Auch ehemalige Bauern drängten sich in den überfüllten Abteilen, Bauern, denen die Hirse auf den Feldern verdorrt war und deren Familien in ihrer**

Not das Saatgut aufgegessen hatten. Zehntausende hofften, an der Elfenbeinküste einen neuen Job zu finden, um ihre Sippen unterstützen zu können. Amadou nahm teil an dieser Völkerwanderung: Millionen flohen und fliehen noch heute aus den afrikanischen Binnenländern an die Küsten, ziehen aus der dörflichen Unterentwicklung in den vermeintlichen Wohlstand der Städte. Einer von ihnen: der junge Amadou. Das zusammengeborgte Fahrgeld für die Reise nach Abidjan war der größte Einsatz im Lotteriespiel seines Lebens. Aber das brauchte zu Hause niemand zu wissen.

Beleuchter: *(Licht weg vom Erzähler, Licht auf die Dorfschenke)*

Kango: **Nun erzähl doch, Amadou,** ruft Kango ungeduldig, **ist Abidjan eine schöne Stadt?**

Amadou: Amadou nickt. **O ja, schön ist sie schon. Große Häuser stehen da, alle mit Klima-Anlagen und Aufzügen, genauso wie in den Ländern, wo die Weißen zu Hause sind. Viele Autos natürlich. Und was es in den Läden alles zu kaufen gibt, könnt ihr euch gar nicht vorstellen.**

Sarga: **Gibt es auch bunte Regenschirme?** erkundigt sich Sarga, die aus einem großen Topf die Kalebassen auf dem Tisch mit Hirsebier auffüllt.

André: **Und Transistorgeräte?** fragt André.

Maurice: **Und Bücher natürlich,** stellt Maurice, der Lehrer, fest. **Bücher in allen Sprachen der Welt. Tausendmal mehr, als ihr lesen könnt.**

Amadou: **Das alles und noch viel mehr gibt es in Abidjan zu kaufen,** sagt Amadou und schlürft sein Hirsebier, das er schon lange nicht mehr genossen hat. **So ziemlich alles, was es hier nicht gibt.**

Sangoulé: **Ja, ja, Abidjan ist eine Wunderstadt,** sagt der alte Sangoulé und nickt wieder mit dem Kopf.

Beleuchter: *(Lichtwechsel)*

Erzähler: **Doch Amadou sagt seinen Freunden nicht, daß nur sehr wenige Leute in ganz Abidjan diese begehrten Dinge kaufen können. Er verschweigt, wo er gewohnt hat in Abidjan: ziemlich weit weg von den hohen Häusern mit den Klima-Anlagen, ziemlich weit entfernt von den Bungalows der schwarzen Elite und den Weißen, die als Diplomaten, Staatsangestellte, Kaufleute und Entwicklungsexperten in Abidjan leben. Amadou war ein »Squatter« in einem Slum am Stadtrand, einer, der illegal dort wohnte und Angst hatte vor der Polizei, weil er ohne feste Arbeit keine Wohngenehmigung bekam. Er sagt**

auch nicht, daß die Schlangen der Arbeitslosen im Hafen, vor den Fabriken und an der Markthalle in Abidjan noch viel länger waren als die in Ouagadougou. Wenn Amadou gelegentlich einen Job bei einer Schiffsentladung erwischte, war er schon zufrieden, denn er mußte das Geld für die Bahnfahrt zurückzahlen, und essen und trinken mußte er auch. Einmal beteiligte er sich an einem Einbruch in ein Lebensmittelgeschäft. Und als er Malaria bekam, hat sich niemand um ihn gekümmert. Fast wäre er gestorben in Abidjan. Das verschweigt er. Doch auch von seinem Heimweh spricht er nicht, kein Wort von der schlimmen Einsamkeit in Abidjan. Schließlich brachten ihm ein paar Monate Arbeit beim Straßenbau so viel Geld ein, daß er sich ein Fahrrad kaufen konnte, seine Schulden bezahlte und seine Heimfahrt plante.

Beleuchter: *(Lichtwechsel)*

Maurice: **Du kommst zu einer schlechten Zeit ins Dorf zurück**, sagt Maurice, **kaum Regen in den letzten beiden Jahren. Die vorige Ernte ist völlig ausgeblieben. In unseren Speichern wirst du fast nichts mehr finden.**

Amadou: **Ich weiß,** sagt Amadou, **Mutter sprach gleich nach meiner Ankunft davon.** Das strahlende Lachen auf seinem Gesicht läßt allmählich nach. **Mutter erzählte auch, daß die Frauen jetzt viele Stunden laufen müssen, um Wasser zu finden.**

Sarga: **Raschin, der libanesische Händler, hat alle Preise erhöht,** berichtet Sarga, **Zucker kostet jetzt viermal soviel wie damals, als du weggingst von hier. Und auf dem Markt habe ich kaum noch etwas zu verkaufen.**

Sangoulé: **Auch das Hirsebier hat schon lange nicht mehr den alten Preis,** seufzt der alte Sangoulé, **früher war das alles ganz anders.**

Kango: **Amadou wird es schon bezahlen,** sagt Kango lachend, Amadous kleiner Bruder.

Amadou: Amadou nickt. Wenigstens heute will er die Rolle des wohlhabenden Heimkehrers auskosten. **Ich werd's schon bezahlen, das Bier,** sagt er und denkt an sein Fahrrad, das er notfalls verkaufen könnte.

Kango: **Ich möchte auch mal in so einer großen Stadt leben,** schwärmt Kango, **nicht wahr, Amadou, du erklärst mir das ganz genau, wie man dorthin kommt.**

Gérard: **Du bist ja noch viel zu jung, um von hier wegzugehen,** fährt Gérard den Kleinen an. **André und ich sind als nächste dran. Das haben wir schon lange vor. Es hat keinen Zweck, hierzu-**

bleiben. In den Städten kann man viel leichter angenehm leben.

André: André stimmt seinem Freund zu, aber er fragt Amadou, was er ihn eigentlich schon den ganzen Abend fragen wollte: **Warum bist du zurückgekommen, Amadou, warum?**

Beleuchter: *(Licht bleibt auf der Dorfschenke, zugleich Licht auf den Erzähler)*

Erzähler: **Amadou lächelt nicht mehr. Gestern, als er heimkam, fühlte er sich noch stark und gut gerüstet für einen neuen Anfang. Er wollte wieder Bauer werden, zurückfinden zu seiner Heimat. Gestern wußte er noch, warum er zurückkam. Aber jetzt weiß er nicht, was er sagen soll. Wenn seine Freunde ihn fragen: Warum bist du zurückgekommen? wird er nervös. Er versucht, seine Unsicherheit mit einem Schluck Hirsebier hinunterzuschlucken. Er trinkt wie ein Verdurstender. Er kommt sich vor, als zupften und zerrten die Ahnen an seinem Geld, an Hemd und Hose und seinem Fahrrad herum. Der Wirbelwind hat ihn erfaßt. Er spürt diesen Wirbelsturm ganz genau, zwei Jahre lang hat er ihn schon in den Knochen gespürt, diese Wetterlage. Wenn kein Ausgleich zustande kommt zwischen Zukunft und Vergangenheit, wenn die Verbindung abreißt, dann geht der Wirbel los.**

Seine Freunde trinken ihm zu. Er genießt es, gefeiert zu werden. Es macht ihm nichts aus, diese Rechnung zu bezahlen. Doch ihn beschleicht das Gefühl, aus diesem Wirbelsturm nicht mehr herauszukommen, weder hier noch in den Städten, noch an der Elfenbeinküste. Weder Kango, der kleine Bruder, noch Maurice, der Lehrer, weder André noch Gérard, weder Sarga, die kaum noch etwas zu verkaufen hat auf dem Markt, noch der alte Sangoulé, der zu jedem Unsinn mit dem Kopf nickt. Wann werden sie merken, daß auch sie von diesem Wirbel erfaßt sind? Wenn jeder von ihnen in der Lage wäre, sich eine Fahrkarte nach Ouagadougou oder Abidjan zu kaufen, sie könnten dem Wirbel doch nicht entfliehen.

Sie trinken ihm zu. Es freut ihn, zu Hause zu sein. Aber mehr weiß er nicht. Er weiß nicht, worauf er sich sonst noch freuen sollte.

Anmerkungen und Spielvorschläge

Rüdiger Sieberts Kurzgeschichten sowie sein Lesespiel »Zurück nach Yamba« enthalten viele Informationen über das dörfliche Leben der Afrikaner in Mauretanien und Obervolta. Dennoch sinken Sieberts Geschichten unter ihrer Informationsfracht nicht zum belehrenden Aufsatz ab, sondern bleiben spannende Kurzgeschichten.

1. Vortrag und Darstellung dieser Geschichten sind Mittel zu dem Zweck, eine Aussprache in Gang zu bringen, in der das Thema durch freie Gesprächsbeiträge vertieft werden kann. Dabei ist auf zwei Dinge genau zu achten:

a) Die Vorleser und Darsteller sollten sich nicht nur auf Vortrag und Spiel, sondern auch auf die anschließende Diskussion sorgfältig vorbereiten. Vortrag und Spiel machen nur den ersten Teil der Veranstaltung aus. Der zweite Teil heißt *Aussprache*, der dritte *Nacharbeit.*

b) Zur inhaltlichen Vorbereitung gehört eine intensive Beschäftigung mit den geographischen, geschichtlichen, ethnologischen, wirtschaftlichen und politischen Verhältnissen der Sahel-Länder im allgemeinen und jener Länder im besonderen, in denen diese Geschichten sich zugetragen haben. Jeder der Spieler muß wissen und auf einer Landkarte oder Autokarte zeigen können, wo die Orte liegen, von denen berichtet wird. Ebenso ist die Lektüre geeigneter Fachliteratur in die Vorbereitung des Spiels einzubeziehen. Die Spieler sollten sich darauf vorbereiten, die bestinformierten Gesprächsteilnehmer auf der Veranstaltung sein zu können. Nicht, um mit ihrem Informationsvorsprung zu protzen, sondern um die Aussprache durch sachliche Beiträge vertiefen zu können, sobald das nötig erscheint.

c) Die Tatsache, daß auch die Aufführung des Lesespiels nur Mittel zum Zweck ist, sollte nicht dazu verleiten, das Spiel nur flüchtig einzuüben. Obwohl »Zurück nach Yamba« nur ganz einfache Spielszenen enthält, sollten gerade diese bis zur größtmöglichen Spielsicherheit eingeübt werden, damit die anschließende Diskussion mit kritischen Äußerungen über die Qualität der Aufführung nicht unnötig belastet wird. Die Spieler müssen sich von Anfang an darüber im klaren sein, daß sie als geschickte Transportarbeiter fungieren, um das Thema in die Mitte des Gesprächs zu stellen.

2. Wird eine Aufführung des Lesespiels geplant, sollten zwei Chancen, die sowohl in der Thematik als auch in der einfachen Form des Spieltextes begründet sind, nicht übersehen werden:

a) Wichtige Informationen enthält der Text des Erzählers (bzw. der Erzählerin). Dementsprechend muß Vorsorge getroffen werden, daß besonders dieser Text deutlich gesprochen und nicht genuschelt oder verschluckt wird. Nicht nur aus diesem Grund wäre zu erkunden, ob ein Schauspieler zu gewinnen wäre, der nicht nur die Rolle des Erzählers übernimmt, sondern auch als Regisseur die Spieler anleitet, die Szenen in der Dorfschenke gut auszuspielen. Da es ohnehin zur Arbeit eines Regisseurs gehört, sich mit dem historischen, sozialen und psychologischen Hintergrund eines Spieltextes zu befassen, wäre es ebenso naheliegend wie nützlich, den (Schaupieler und) Regisseur in die thematischen Vorarbeiten mit einzubeziehen.

b) Läßt sich ein fachkundiger Schauspieler für diese Aufgabe nicht gewinnen, wäre frühzeitig zu überlegen, ob man einen politisch interessierten Lehrer bitten könnte, die Erarbeitung des Hintergrundstoffes im Stile einer freien Arbeitsgemeinschaft mit der Gruppe zu betreiben, aber so, daß die Beschäftigung mit dem Stoff wie von selbst in die Einübung des Spiels übergeht. Wählt der Lehrer die Rolle des Erzählers – oder eine andere Rolle –, sollte erwogen werden, den Beginn der Aussprache so zu gestalten, daß die Spieler Gelegenheit bekommen, vom Lernen in der Gruppe zu berichten. Gerade in bezug auf konkrete Entwicklungspolitik und künftige Weltinnenpolitik ist zu zeigen, daß alle – also auch Lehrer! – Lernende sind.

3. Die unter 1 und 2 genannten Vorschläge sind wirklich nur Vorschläge. Kommen Ideen auf, wie man den jeweiligen Umständen und Verhältnissen am Ort der Veranstaltung besser entsprechen kann – kann (und muß) man selbstverständlich alles ganz anders machen.

Internationale Organisationen

UNESCO	Organisation der Vereinten Nationen für Erziehung, Wissenschaft und Kultur Deutsche UNESCO-Kommission, 5 Köln, Komödienstr. 40
UNCTAD	UN-Kommission für Handel und Entwicklung
ILO	Internationale Arbeitsorganisation
IDA	Internationale Entwicklungsgesellschaft Tochtergesellschaft der Weltbank, verleiht langfristige und zinsgünstige Entwicklungskredite
IFC	Internationale Finanzierungsgesellschaft Tochtergesellschaft der Weltbank, fördert privatwirtschaftliche Unternehmen in Entwicklungsländern
FAO	Ernährungs- und Landwirtschaftsorganisation der Vereinten Nationen
WHO	Weltgesundheitsorganisation der Vereinten Nationen
UNDP	Entwicklungsprogramm der Vereinten Nationen
OECD	Organisation für wirtschaftliche Zusammenarbeit und Entwicklung
DAC	Ausschuß für Entwicklungshilfe der OECD (jährliche Selbstkontrolle der Geberländer)

Michel Kayoya: Erzählte Begriffe

Unterernährung

Ich weiß
Der Hunger ist schrecklich
Mit vollem Recht
Hat man ihn genannt
»Bigira umusore umusega«
(d. h.: »aus einem tüchtigen Jungen
einen unfähigen Hund machen«)

Das Bild ist typisch
Das Bild ist wahr

Der Mann ist zu einem Nichts heruntergekommen
Gestern noch
Munter
Männlich
Lachend
Er ist ausgehöhlt
Niedergeschlagen
Abgemagert und ohne Kraft, wie der arme Hund, der
nur noch die Asche auf dem erloschenen Herd bewachen kann.
Das ist der Hunger und die Angst vor der Hungersnot!
Und der Mensch, dem schon unter normalen Verhältnissen
alles mangelt!
Diese Hungersnot, regelmäßig wiederkehrend
    Vorausgesehen
    Erwartet
Diese Plage, die wie ein Urteil des Schicksals
wehrlose Menschen trifft!
Ich kenne dieses Tier
Den Alptraum der Familien
Diese Bestie, die weder Alte noch Kranke verschont.

Meine Freunde
Ich erinnere mich
Ich fühle es noch in meinem Körper

Es war nach dem Durchzug der Heuschrecken
Der raubgierigen Heuschrecken
Sie hatten alles verwüstet
Ja, wirklich alles
Die blühenden grünen Erbsen
Die unreifen Bohnen
Die Maniokapflanzen, deren zartes Laub
Die naschhaften Kühe verlockte
Wenn sie den gewundenen Pfad entlanggingen
Der zu den Weiden führte.
Die Felder boten ein Bild des Unheils.
In unserem Dorf
Standen die Familienväter
Schweigend
Inmitten der zerfetzten Pflanzen
Sie waren verstummt, die Hand auf dem Mund
Wie der Mann, dessen »Frau etwas zu verbergen hat«.
Die folgende Ernte war keine Ernte
Darum haben wir gehungert
Sieben Monate lang
    Mai
    Juni
    Juli
    August
    September
    Oktober
    November
Deshalb schrien die Kleinsten den ganzen Tag über ma-ma
Sie folgten der Mutter mit verstörten Blicken
Wir Größeren wußten, daß nichts zu machen war
Wir hörten die Eltern heimlich seufzen:
»Gott, Gott, was sollen wir tun?
Wie werden die Kleinen den Tag überstehen?«
Heimlich tranken wir Wasser, alle Augenblicke Wasser
Um den Hunger zu überlisten.
Unsere kleinen Bäuche waren geschwollen wie Kürbisse
Eine allgemeine Müdigkeit befiel uns
Wir fühlten, daß unsere Muskeln schwanden.
Nachts, wenn wir zu viert auf einer Schlafmatte lagen,
Drängten wir uns eng aneinander, um ein wenig Wärme zu haben.
Der Schlaf kam nicht. Man gähnte alle Augenblicke
Wie die Tür eines leeren Korridors.

Damals, ich erinnere mich, besuchte ich die Grundschule. Zusammen mit anderen Burschen ging man morgens weg, ohne etwas in dem kleinen Magen zu haben. Wenn wir gingen, schienen die Eltern abwesend zu sein. Sie konnten uns nichts zu essen mitgeben. Jeden Tag mußte meine Mutter die winzige Handvoll Bohnen abmessen, die sie kochte. Mehr durfte nicht verbraucht werden. Sie wußte, daß die Trockenheit lang war.
Die erste Stunde in der Schule war erträglich. Aber in den folgenden Stunden döste man. Die Worte des Lehrers beantwortete man mit Kopfschütteln, einem ständig wiederholten Kopfschütteln, wie es die Hirse macht, wenn sie zu Beginn des afrikanischen Sommers vom Wind leise gewiegt wird. Je länger es dauerte, desto verstörter wurden wir. Die Augen sanken zurück in ihre Höhlen, die der schleichende Hunger unbarmherzig tiefer grub.
Nach Schulschluß gingen wir heim, ohne Kraft für die vier, zehn oder fünfzehn Kilometer, die uns vom heimatlichen Dorf trennten. Einige gelangten nicht bis nach Hause. Sie mußten sich zu helfen wissen und ein Quartier finden. Viele kamen erst bei Anbruch der Nacht daheim an, mit leerem Bauch und mit unerträglichen Kopfschmerzen. Eine Handvoll Bohnen täuschte den Hunger, ein Glas Wasser, etwas geknabberter Maniok. Dann legte man sich schlafen, um am nächsten Morgen von neuem aufzubrechen. Es ist nicht nötig, Statistiken aufzustellen. Wir haben sie oft erfahren

Den nicht gestillten Hunger
Den nicht gelöschten Durst
Die Unterernährung.

Arbeitslosigkeit

Die Arbeitslosen warten, unter jedem Blatt des Bananenbaumes verbirgt sich ein Mann, ein widerstandsfähiger Mann, ein anstelliger Mann –
Wann endlich wird die intellektuelle Elite sich den Produktionsaufgaben zuwenden, der rationellen Viehzucht, dem rationellen Anbau von Reis, Mais, Bohnen, Kartoffeln, der Planung des Tourismus, dem Städtebau –
Aber die Elite drängt in die Hauptstädte, dort tritt sie sich auf die Füße, brennend vor Ehrgeiz, terrorisiert von einer kurzsichtigen Eintags-Politik, mit der sie sich selbstsüchtig verbündet.
Nehmt doch diese Arbeitslosen auf, bitte – Sie sind seit zwei Monaten da? Mein Gott, diese Arbeitslosigkeit – Hör mal, stelle meine Schwester ein, dann werde ich Deinen Vetter beschäftigen – Ich habe einen Vetter, der auf der Schreibmaschine tippen kann –
Du weißt nicht, wohin? Also gut, schon recht, das geht in Ordnung.

Ich sehe das Elend, ich sehe die Unterentwicklung.
Angesehene, reiche Familien ohne einen Pfennig Geld, nichts auf der Bank – absolut nichts – Wo hast Du Dein Geld gelassen, mein Herr? – Ich weiß es nicht – Siehst Du, meine Frau stammt aus einer großen Familie – Ich selbst habe zahllose Vettern.
Nun habe ich kein Geld mehr –
Nun habe ich nichts gespart –
Nun haben unsere leiblichen Kinder Hunger –
Nun hat Madame kein Haushaltsgeld –
Nun gibt es kein Haus für uns –
Nun wird es niemals ein Haus für uns geben –
Nun sind wir in einem unterentwickelten Land –
Nun gibt es Diebstähle
Unterschlagungen
Schulden
Gefängnis
dann wieder Arbeit
Schulden
Gefängnis
dann noch einmal Arbeit
dann Arbeitslosigkeit
Was für ein Leben! – Das ist die Unterentwicklung.

Sozialer Stumpfsinn

Sozialen Stumpfsinn nenne ich die unvernünftige Haltung des Bauern gegenüber den neuen Arbeitstechniken, die ihm der Agronom zeigt.
Gelehrig und still folgt er den Hinweisen, hört aufmerksam die Erklärungen an, macht die Bewegungen nach.
Sobald er sich selbst überlassen ist, lebt er wieder auf, fällt in die alten Gewohnheiten zurück, verachtet die Techniken und vergißt, was er gestern sorgfältig gelernt hat. Selbst der einfache Nachahmungstrieb wird – ich weiß nicht, durch welche geheimnisvolle Kraft – gebremst.
Unter den Augen des Meisters versteht er das Neue und erkennt es an. Ist der Meister weg, mißachtet er es, ist starrköpfig, eigensinnig und verharrt in seinen alten, rückständigen Gewohnheiten.
Sozialer Stumpfsinn ist der Zustand eines ganzen Dorfes, eines ganzen Volkes, dessen Schwung abgebrochen, gelähmt, angehalten worden ist.
Es ist der gleichbleibende Krankheitszustand eines Volkes, das nichts erfindet, nicht mehr schöpferisch ist, nicht mehr sucht, das nur wartet.

Sozialer Stumpfsinn ist der krankhafte Zustand eines Volkes, das kein Vertrauen zu seinen Söhnen hat und sie für Versager hält, für Diebe, Gewissenlose, für Menschen ohne Plan und Ziel. Dieses irregeführte Volk sehnt sich zurück nach den herrlichen Zeiten der Kolonialherrschaft, in denen es Organisation, Arbeit und Geld gab.
Das ist der Zustand der Entwicklungsländer, der Zustand von Ländern mit einem großartigen Verwaltungsapparat, wo kleine Dörfer nach den Gesetzen der Großstädte verwaltet werden. Wo der westliche Papierkrieg sich häuft und die Illusion vermittelt, daß die Maschine läuft. Wo zahllose Beamte in die Büros geströmt sind und nur deshalb dort sitzen, weil das auch anderswo üblich ist. Statt produktiver Arbeit hat man zuerst einen Beamten geschaffen.
Das ist der Krankheitszustand unserer Länder, wo die Mehrzahl der aktiven Elemente des Volkes eine produktive Arbeit aufgibt, um sich eilends in die Reihe der Konsumenten einzureihen.
Dieser Zustand der armen Völker ist sozialer Stumpfsinn.

Sozialer Wandertrieb

Eine andere Krankheitserscheinung in den unterentwickelten Ländern ist der »Wandertrieb«.
Die Entwicklung wird stark gebremst durch die Unbeständigkeit, zum Beispiel durch die Unbeständigkeit der Gesetze und Verordnungen. Jeden Monat vier Verordnungen, jedes Jahr zwanzig Gesetze, dann weitere sechs Verordnungen und acht Gesetze. Und das auf allen Gebieten. Der arme Bauer findet sich nicht mehr zurecht. Der arme Kerl glaubt kaum noch daran.

Langsam
geht ihm der Sinn für das Gesetz verloren
zwangsläufig
gewöhnt er sich daran
er hört es an
er wartet ab
und wendet sich wieder seiner täglichen Arbeit zu.

Der Unbeständigkeit der Gesetze folgt die Unbeständigkeit der Personen. Die Regierungen lösen sich ab wie Wachsoldaten. Aber ein Minister ist kein Wachsoldat. Minister eines unterentwickelten Landes sein, das ist eine wichtige Sache. Er findet keine Tradition vor, er muß Neues

schaffen
planen
erfinden.

Er muß die Dinge bedenken, organisieren. Er muß sein Ministerium koordinieren. Dann kommen oft Menschen, die ihn sprechen wollen, die auf einen günstigen Augenblick warten, um ein Projekt vorzuschlagen. Verhandlungen finden statt.
Ich habe einen Vertrag mit dem Herrn Minister vorbereitet.
Er ist nicht mehr da, mein Herr –
Auch sein Nachfolger nicht?
Ich bin der dritte Nachfolger –
Aber was nun? Und meine ihm anvertrauten Mitteilungen?
In den unterentwickelten Ländern nehmen die Minister sehr schnell die Haltung unbeteiligter Zuschauer ein, die Haltung eines Mannes, der weiß, daß er nicht lange bleiben wird. Wenn der Film wechselt, wird er gehen, er wird

seinen Platz räumen
seinen Hut nehmen
seinen Stock und
seine Brieftasche.

Dann stockt die vorgesehene Arbeit
Das ist die Unterentwicklung.

Soziale Kurzsichtigkeit

Die soziale Kurzsichtigkeit ist eine Krankheit, die die Entwicklung bremst. Man sieht nicht mit den Augen eines Menschen aus einem Land, das auf dem Wege zur Entwicklung ist.
Kann ich sagen, daß ich in der Grundschule sehen gelernt habe? Ich bezweifle es.
Ich habe mir Tatsachen eingeprägt, die mein Leben überhaupt nicht betrafen, die in keiner Weise meiner Situation entsprachen. Zu früh bin ich aus meiner Umwelt mit den mir vertrauten Tatsachen herausgenommen worden. Ich hatte zwei Leben. Ich lebte in zwei Welten:

Welt der Kühe, Ziegen und Schafe,
Welt der Hütte und der dunklen Bananenhaine,
Welt des Regens und der Sonne –
Und dann
Die Welt des Schülers und des richtigen Benehmens,
die Welt der Meere und Ozeane,
die ich nie gesehen hatte
die Welt des Zwei-und-Zwei
die Welt, in der zwei und zwei vier ist.

Man nahm das so wichtig, daß ich mich schließlich davor fürchtete: Mississippi-Missouri, die Maas, die Marne, Grönland, das große Schiff »France«, der Schnee, die Tundren, der Strand, die Kioske, das Casino, der Afrika-Kurier und der Transsibirien-Expreß.
Außerordentlich! Das alles habe ich mir eingeprägt, weil ich überzeugt war, daß man das wissen muß, um zivilisiert zu sein.
Dann kehrte ich in mein Dorf zurück. Ich schlief in unserer Hütte und teilte mit den Älteren, weniger Glücklichen, die Schlafmatte.
Aber ich verachtete bereits die Haufen von nichtgezähltem Mais, die nicht in Reih und Glied gepflanzten Bananenwälder, die Köpfe der Nachbarn, in die die gute Wissenschaft noch nicht eingedrungen war.
Ich lernte nicht, um zu leben, sondern um auf mögliche Fragen antworten zu können, auf Fragen, die ein anderer stellte.
Mein Geschichtsunterricht war tot

unbewegend
unverbindlich
unlebendig

ohne Vergleiche mit der Geschichte meines Landes, die man wie mit einem Tuch verdeckt hatte.

Ich erinnere mich nicht, daß ich gelernt hätte, wie meinem Volk aus der Unterentwicklung herauszuhelfen sei –
Kein Fach schien mich zu drängen, die Lage meines Volkes zu verbessern, zu verschönern –
Man lehrte mich, seine Schönheiten zu besingen, aber in feststehenden Formulierungen, die mich nicht zum Handeln ermunterten –

Ich erinnere mich nicht, daß ich gelernt hätte, meine Heimat zu lieben

mein Volk zu lieben
an ihm zu hängen
es zu rühmen
es für groß zu halten.

Es kam vor, daß ich mich der ehrenhaften Sitten meiner Vorfahren schämte –
Aber es kam nie vor, daß ich mit meinem Volk fühlte.

Langsam
Schonungslos
Starb in mir
Das ehrenhafte nationale Gefühl
Langsam
Unerbittlich

Wuchsen in mir die Keime
der Sorglosigkeit
des Nachgebens
der egoistischen Zufriedenheit
Langsam
Unerbittlich
Ergriff Kurzsichtigkeit die Augen meines Mitleids
Verstopfte Taubheit die Ohren meiner Anteilnahme
Verschloß bürgerliche Gefühllosigkeit mein Herz
Vor den Wunden meines Volkes.
Langsam
Unabwendbar
Werde ich unkenntlich werden
Unkenntlich
Fremd meinem Volk
Gefühllos für seine Nöte.

Die soziale Kurzsichtigkeit ist eine Plage der Unterentwicklung. Die soziale Kurzsichtigkeit ist ein Hindernis für eine umfassende Entwicklung.

Religiosis

Ich sehe die Unterentwicklung
Ich sehe die Religiosis
Ich sehe die oberflächliche Barmherzigkeit
Ich sehe die geteilte Barmherzigkeit
Ich sehe die Almosen-Barmherzigkeit
eine Barmherzigkeit, die Angst hat,
die wahren Gründe der Unterentwicklung
offen anzugreifen.

»Religiosis« nenne ich
Deine Sonntagsreligion
Deine Religion des Bekreuzigens
Deine Religion eines 7jährigen
Tante Annies Religion
Tante Annie hat einen merkwürdigen Glauben.

Sie hat drei Medaillons,
zwei Rosenkränze,
ein Gefäß mit Weihwasser.
Unter ihrem Bett liegt ein Amulett.

Ich sehe die Religiosis
Ich sehe gebildete Menschen
die im Schutz der Nacht zur Dorfhexe schleichen
und demütig vor ihr auf die Knie fallen
Ich sehe die Religiosis
Ich sehe erwachsene Menschen
die nicht in der Lage sind
die Ursachen eines Unglücks zu erkennen.

Unterentwicklung

Sehr spät erst erkrankte unser Volk an dem schrecklichen Übel, das man Unterentwicklung nennt.
Seit der Begegnung mit dem Abendland hat unser Volk aufgehört, sein Leben selbst zu bestimmen.
Alles wurde ihm gegeben
Zwangsläufig alles
Alles wurde ihm aufgezwungen
Alles wurde geändert
Das Gesetz
Die Medizin
Die Religion
Das Leben
Die Art des Ackerbaues
Die Art des Denkens
Die Art zu grüßen
Die Art zu sitzen
Allmählich erstarb in ihm die gewaltige Fähigkeit des Menschen, die Elemente zu beherrschen
zu leiten
zu meistern
sich anzueignen.
Dann erst gab er auf
Wurde ein Sklave der Gewohnheit
Ein bewundernder Anbeter der Technik
Das unwissende Werkzeug einer unvermeidlichen neuen Zivilisation.
Meine Freunde, Ihr müßt aufhören, die Unterentwicklung vom bürgerlichen Standpunkt aus zu betrachten. Diese Sicht verfälscht unser Engagement, schläfert uns ein und hält uns für lange Zeit in einer erniedrigenden Abhängigkeit.

Für sich gesehen, war die Epoche, die unserem Zusammenstoß mit dem Abendland vorausging, keinesfalls eine solche der Unterentwicklung, sie war kein niedriger Zustand der Barbarei, den man verachten oder mit einem Schleier verhüllen muß.

Sie war eine notwendige Stufe in der Geschichte des Menschen. Der Mensch war bemüht, sich der Natur anzupassen. Er wachte darüber, daß das soziale Gleichgewicht gewahrt und an der Tradition festgehalten wurde. So blieben die Rechte der Familie und des einzelnen geschützt.

Zur wirklichen Unterentwicklung kam es erst dadurch, daß unser Volk die Selbstkontrolle verlor, als es mit der technischen Entwicklung zusammenstieß und jenen Völkern brutal gegenübergestellt wurde, deren Wille zur Beherrschung der Natur und der sozialen Evolution durch Technik, Planung und Erziehung bereits stark entwickelt war.

Mehr und mehr bin ich davon überzeugt, daß die wirkliche Unterentwicklung nicht in erster Linie in einem Mangel an materiellen Dingen besteht und daß folglich unser tatkräftiges Bemühen um Entwicklung sich nicht allein auf Beseitigung solcher Mängel beschränken darf wie fehlende Ausbildung, ungenügende Ernährung, Mangel an anständigen Wohnungen, unzureichende Gesundheitsfürsorge.

Die Unterentwicklung ist der verkehrte Zustand, in dem Völker ernsthaft erkrankt sind an sozialer Entartung und sozialem Stumpfsinn, an einem Parasitentum, das jeden Fortschritt hemmt, an sozialer Kurzsichtigkeit und einer Art »sozialen Wandertriebs« und an einer »Religiosis« im Sinne einer Religion, die für die innere Entwicklung der Menschen praktisch keinen Raum läßt.

Klaus Lefringhausen: Was ihr getan habt einem der Geringsten

Ein Dialog

Personen: ein Schwarzer
ein Weißer

Weißer: Wie kann man sagen, daß Gott schwarz sei? – Ich denke, niemand hat Gott je gesehen.

Schwarzer: Gott ist unten.

Weißer: Das ist das Einmalige am Christentum. Keine Religion der Welt hat solche Sozialprogramme. Keine setzt sich zielstrebig für Entwicklungshilfe ein.

Schwarzer: Gott ist unten. Und ihr kommt von oben. Wir Schwarzen sind unten. Die Einheit im Glauben kann das nicht vertuschen.

Weißer: Wir kommen nicht von oben. Ein Christenmensch ist niemandem überlegen und niemandem unterlegen. Wir tun unsere Arbeit.

Schwarzer: Und was ihr einem der Geringsten getan habt – mit eurer Arbeit –, das habt ihr mir getan.

Weißer: Oder nicht getan.

Schwarzer: Ich bin schon jahrelang einer der Geringsten: der Beschenkte, das Objekt fremder Hilfe.

Weißer: Jesus stand immer auf der Seite der Geringsten.

Schwarzer: Vielleicht steht er heute auf der Seite derer, die es nicht mehr aushalten, die Geringsten zu sein. Er hat die Hierarchie der Gesellschaft auf den Kopf gestellt.

Weißer: Im Auftrag Jesu arbeiten wir für den Frieden.

Schwarzer: Und erntet Haß. Und könnt euch gar nicht vorstellen, warum! – Ihr gebt uns aus Barmherzigkeit, was uns aus Gründen der Gerechtigkeit längst zusteht. Eure Hilfe ist nur eine kleine Rückzahlung der Bereicherungen, die ihr euch durch einen ungerechten Welthandel aneignet.

Weißer: So denken nicht alle.

Schwarzer: Nein, nicht alle. Einige sind noch unbeeindruckt von eurer Hilfe. – Aber ich kann doch nicht auf Jahre hinaus der Nehmer eurer Hilfe sein wollen! Ihr macht uns kaputt, wenn ihr uns in die Bettlerrolle drängt!

Weißer: Sollten wir mit der Hilfe aufhören?

Schwarzer: Wir haben während der Kolonialzeit in europäischen Schulen europäische Geschichte gelernt. Als ob wir keine eigene Geschichte hätten. Wir haben europäische Wertvorstellungen übernommen. Als ob wir keine eigenen hätten. Uns ist die Würde gestohlen worden.

Weißer: Wollt ihr uns die Fehler der Vergangenheit vorwerfen, während wir zu helfen versuchen?

Schwarzer: Ihr wißt nicht, wem ihr helft. Wir ringen um unsere Identität. Um unser Selbstbewußtsein. Aber diese Hilfe stärkt nur das Bewußtsein vom eigenen Unvermögen. Mit solcher Hilfe nehmt ihr uns unsere Initiative, unser ICH. Und die Geringsten sind heute die, die ihr ICH verloren haben.

Weißer: Was sollen wir denn tun?

Schwarzer: Wir müssen lernen. Und ihr müßt lernen. Ihr müßt lernen, daß Jesus schwarz ist und nicht weiß. Daß er bei denen ist, die auf der Suche sind nach ihrer verlorenen Identität. Der schwarze Jesus ist ein Gegenbegriff.

Weißer: Gegen was ein Gegenbegriff?

Schwarzer: Zur Entwicklungshilfe. Weil jede Entwicklungshilfe ein Zivilisationsprogramm enthält. Jesus steht den Helfern gegenüber.

Weißer: Handelten wir christlicher, wenn wir nicht helfen wollten?

Schwarzer: Das sind falsche Alternativen. Wir sind auf Hilfe angewiesen, um physisch überleben zu können. Und das macht uns psychisch kaputt.

Weißer: Was sollen wir tun?

Schwarzer: Ihr sollt zuhören und verstehen lernen. Und sollt euch nicht blenden lassen von euerm guten Willen, der bei den Partnern u. U. Schaden anrichtet. Wir wollen nicht länger Objekte sein. Objekte der Kolonisation. Objekte von Entwicklungshilfe. Objekte der Barmherzigkeit. Wir wollen gesprächsfähige Partner sein. Wir wollen als Partner anerkannt werden, mit denen man sprechen muß.

Weißer: Wer hindert euch am freien Gespräch?

Schwarzer: Wie sollen wir sprechen, daß man uns versteht? Freiheit ist schlimmer als Sklaverei, wenn man nicht weiß, wer man selbst eigentlich ist. Der Sklave weiß wenigstens, daß er Sklave ist. Ihr vergeßt allzu leicht, daß der kulturelle Imperialismus die gefährlichste Form des Kolonialismus ist. Weil er uns unser eigenes Wesen verbirgt. Weil er uns hindert, zu uns selbst zu kommen.

Weißer: Ich weiß. Es gibt afrikanische Politiker, die sprechen vom »Widerstand Afrikas gegen die europäische Entpersönlichungspolitik«, von der »geistigen Entkolonialisierung Afrikas«, vom »Minderwertigkeitskomplex der Kolonialisierten«.

Schwarzer: Aber das ist doch wahr: die meisten Afrikaner sind entwurzelte und verstümmelte Menschen, geistige Kriegsversehrte eines unsichtbaren Krieges, der in keinem Geschichtsbuch verzeichnet wird. Befreiung heißt, daß sich die Afrikaner der negativen Wertungen bewußt werden, die ihrem Leben, ihrem Denken und ihrer Überlieferung von den Kolonialherren aufgepfropft wurden.

Weißer: Mag sein, daß unsere Hilfe nicht immer hilft. Das ist kein Grund, unsere Motive zu verkennen oder zu verleumden.

Schwarzer: Für einen Europäer ist es schwer zu verstehen, worum es in Afrika geht. Wir stecken wirklich in einer Krise. Und es gibt gewisse Leute und Regierungen in der Welt, die das erkennen. Was tun sie? Sie verschaffen sich ein Alibi. Und dann verstopfen sie sich die Ohren, damit sie unser Schreien nicht hören müssen. Damit sie unser scham- und schmerz- und wuterfülltes Schreien nicht hören müssen. Damit sie nicht hören müssen den Schrei dieser ungeheuren seelischen Wüste in uns.

Weißer: Jesus sagt, daß man den Fremdling beherbergen, den Nackten kleiden und den Hungrigen bewirten soll. Man soll tun und geben, was der Mitmensch braucht.

Schwarzer: Uns fehlt vor allem unser Selbstbewußtsein. Und solange ihr auf solche Art und Weise helft, die unsere Wunde nur vergrößert, schadet ihr uns.

Weißer: Ich muß wissen, ob ihr Hilfe haben wollt oder nicht. Auch wenn sie nicht jedem hilft. Auch wenn sie da oder dort gelegentlich schadet.

Schwarzer: Die wichtigste Hilfe, die wir brauchen, könnte darin bestehen, daß ihr uns sagt, wo wir euch helfen können. Setzt uns in die Lage, euch zu helfen, dann ist uns geholfen.

Weißer: Darüber müßten wir einmal ausführlich reden. Und nicht nur wir.

Schwarzer: Ihr habt viele junge Menschen als Entwicklungshelfer nach Übersee geschickt. Ich glaube, ihr sagt gern »Übersee«, wenn ihr nicht »Entwicklungsländer« sagen wollt. Aber ich sage euch, ihr habt nicht einen einzigen damit beauftragt zu prüfen, wie wir euch helfen können.

Weißer: Das ließe sich ändern.

Schwarzer: Wir sollten bald darüber sprechen, damit ihr nicht wieder alles allein tun wollt. Ihr solltet uns nicht der Initiative berauben. Gebt den Schwarzen solche Aufgaben in Europa.

Weißer: Ich bin nicht sicher, ob die Bevölkerung das verstehen würde. Ich nehme an, man würde diesen schwarzen Entwicklungshelfern vorwerfen, sie entzögen sich der Aufgabe, zuerst ihren eigenen Landsleuten zu helfen. Man würde glauben, sie ließen den Geringsten unter ihren eigenen Brüdern in den Slums der afrikanischen Städte ungerührt liegen.

Schwarzer: Ihr seid die Geringsten, solange ihr auf der Leiter steht und euch zu uns herabneigt. Gott ist unten. Ihm kann man nicht dienen von oben herab. Kommt herunter und helft uns, indem ihr euch helfen laßt.

Anmerkungen und Spielvorschläge

1. Der Dialog *»Was ihr getan habt einem der Geringsten«* von Klaus Lefringhausen bezieht nicht nur den Titel, sondern auch eine gewisse Tendenz aus dem 25. Kapitel des Matthäusevangeliums, dessen 40. Vers in der Luther-Übersetzung lautet: »Wahrlich, ich sage euch: Was ihr getan habt einem unter diesen meinen geringsten Brüdern, das habt ihr mir getan.«
Die aktuellen thematischen Anstöße sind offenkundig neueren Datums. Thema und Verlauf der Weltkonferenz des Ökumenischen Rates der Kirchen, die unter dem Motto »Das Heil der Welt heute« vom 29. 12. 1972 bis zum 8. 1. 1973 in Bangkok stattfand, fließen in diesen Dialog mit ein, vor allem die weit über Bangkok hinausreichende »Moratorium-Diskussion«. Um eine wirkliche Partnerschaft zwischen mündigen Kirchen zu ermöglichen, wurde auf der Bangkok-Konferenz ein sogenanntes Moratorium gefordert, eine Pause, in der die christlichen Kirchen in der sogenannten Dritten Welt den Zufluß westlichen Personals und westlichen Geldes überprüfen oder unterbrechen, damit die Kirchen miteinander die Art der bestehenden Beziehungen unbeeinflußt bedenken und nach neuen Formen von Partnerschaft suchen können. Kirchen, die ein solches Moratorium wünschen, sollen die Möglichkeit erhalten, mit ihren eigenen Mitteln zu arbeiten, um ihre Eigenständigkeit und Identität zu finden.
Diese Gedanken, vor allem das »Ringen um Selbstbewußtsein« und »Identität«, hat Klaus Lefringhausen aufgegriffen und zugleich vom Bereich nurkirchlicher Beziehungen auf das weite Feld entwicklungspolitischer Problematik übertragen.
Dementsprechend kommen nun auch philosophische Vorstellungen, vor allem afrikanischer Politiker mit ins Spiel, etwa von Senghor, Sékou Touré und Rabemananjara.
Entscheidend ist diesem Dialog jedoch ein kräftiger Schuß jener »Schwarzen Theologie« beigemischt, die seit einem Jahrzehnt vornehmlich von

jungen nord- und südamerikanischen Theologen entworfen wurde und entwickelt wird. Dieser Wortwechsel zwischen einem Weißen und einem Schwarzen hat spürbare und aufspürbare Hintergründe. Er reißt so viele aktuelle theologische Fragen auf, daß er gut geeignet erscheint, zu Anfang einer Bibelarbeit oder gelegentlich anderer Gemeindeveranstaltungen vorgetragen oder vielleicht sogar gespielt zu werden.

2. Falls dieser Dialog bei passend erscheinender Gelegenheit nicht nur vom Blatt gelesen, sondern gespielt werden soll, wäre zu überlegen, ob und wie der ökumenische und theologische Hintergrund ins Bild und ins Spiel gebracht werden könnte. Keinesfalls soll die Phantasie der mit diesem Text befaßten Gruppe eingeschränkt oder auf nur eine von vielen Möglichkeiten festgelegt werden. Nur für den Fall, daß es anfangs schwerfallen sollte, sich einen Ort vorzustellen, an dem dieser Dialog so oder so ähnlich laut werden könnte, hier einen Vorschlag, der in jedem größeren Zimmer und in jedem nicht zu großen Gemeindesaal ohne großen Aufwand zu realisieren wäre.
Der Ort könnte Bangkok heißen, genauer gesagt: Samudhprakarn, etwa 30 km von Bangkok entfernt. (Man lese: Klaus Viehweger: »Weltmissions-Konferenz Bangkok«, Siebenstern-Taschenbuch Nr. 176, DM 4,90.) Ein paar moderne Sessel, ein flacher Tisch, Raumleuchten oder eine Stehlampe deuten ein Foyer oder eine Sitzecke vor dem Kongreßsaal an. Das Motto der Bangkok-Konferenz, DAS HEIL DER WELT HEUTE, ist auf der Wand im Hintergrund zu sehen (eventuell in mehreren Sprachen). Die beiden Dialog-Partner sind Konferenzteilnehmer, ihr Gespräch kann den Charakter eines fast intimen Gesprächs am Rande der Konferenz annehmen, ohne dadurch an Präzision zu verlieren.
Der schwarze und der weiße Konferenzteilnehmer sind schon etwas abgekämpft, gleichermaßen erregt wie ermüdet. Jeder für sich sucht im Foyer Gelegenheit, etwas abzuschalten. Jeder für sich! Ob der eine oder andere eine Zeitung liest, sich Notizen macht oder in Konferenz-Notizen nachliest, in einer Illustrierten blättert oder scheinbar gar nichts tut, die Augen schließt und sich durch Konzentration zu sammeln sucht, kann nach eigenem Ermessen der Spieler und des Spielleiters angedeutet, ausgespielt oder auch ganz anders aufgefaßt und dargestellt werden.
Falls keine andere Idee aufkommt anzuzeigen, wer die Rolle des Weißen und wer die des Schwarzen spielt, genügt eine kurze und zwanglose Ansage des Spielleiters, die klarmacht: in diesem Sessel wird der weiße, in jenem der schwarze Konferenzteilnehmer sitzen. Als optische Gedächtnisstütze könnte auch ein schwarzer und ein weißer, zumindest ein dunkler und ein heller Sessel dienen.
Freilich muß man sich andere Spielabläufe ausdenken, falls erheblich mehr

als zwei Spieler sich beteiligen möchten oder die äußeren Umstände die Andeutung einer Sitzecke in der Nähe des Konferenzsaals nicht erlauben. (Z. B., falls dieser Dialog in der Mitte eines Saals stattfinden müßte.)
Eine Menge ökumenischer Konferenzteilnehmer, Vertreter aus vielen Kirchen in vielen Ländern, gehen oder drängen allmählich in den Konferenzsaal. Ihr Ziel ist eindeutig, sie wollen an der Vollversammlung (zumindest an einer Sektions-Sitzung) teilnehmen. Ist optisch nicht anzudeuten, wohin sie streben, muß das aus ihren Gesprächen, Fragen, Antworten und Zurufen deutlich werden. Der Darstellung einer solchen Szene müssen die Beschäftigung mit den Konferenz-Texten (Philip Potter: »Das Heil der Welt heute«, Kreuz-Verlag, Stuttgart) sowie sorgfältige Proben einer solchen »Choreographie« vorausgehen. Das heißt, die offiziellen Konferenz-Texte dienen als Stoff und als Anregung, aus ihnen gewinnen die Spieler der zur Vollversammlung drängenden Konferenzteilnehmer das Text-Material für ihr akzentuiertes und vernehmliches »Volksgemurmel« auf dem Weg zum Konferenzsaal. Je nach den räumlichen Umständen und den spielerischen Möglichkeiten kann frei entschieden werden, ob der schwarze und der weiße Dialog-Partner schon zu Anfang des Gedränges dort waren (das Gedränge an sich vorüberließen und nicht in die Vollversammlung gingen), ob sie aus dem Gedränge allmählich ausscherten und zurückblieben, oder ob sie die Vollversammlung verließen, um sich ein wenig zu erholen. Wird die letztgenannte Möglichkeit ausgespielt, ergäbe sich hier eine Art Gleichnisspiel: Im Vordergrund, reduziert auf zwei Gesprächs-Partner, kommen dieselben Spannungen und Probleme zum Ausdruck, von denen die ganze Konferenz bestimmt oder mitbestimmt wird.
Jedenfalls: dieser Dialog sollte nicht als ein dramatisches Kunstwerk bestaunt, sondern wie ein Anspiel möglichst so angelegt werden, daß er Anstoß und Anlaß für eine anschließende Aussprache bietet.

3. Die in diesem Dialog angesprochenen – oder unausgesprochen mitschwingenden – Probleme können noch keineswegs als bewältigt angesehen werden. Die kirchliche Diskussion um das sogenannte Anti-Rassismus-Programm beweist deutlich, wie weit die Meinungen auseinandergehen, gerade auch die theologisch-verbrämten. Je nach dem Informations-, Intelligenz- und Bewußtseinsstand der Veranstaltungsteilnehmer werden wahrscheinlich mancherlei Urteile und Vorurteile zutage kommen und aufgestaute Emotionen sich entladen. Freilich sollte man einen soliden Krach nicht scheuen, aber dennoch Vorsorge treffen, daß es im Verlauf der Aussprache für jeden etwas zu lernen gibt. Nützlich wäre, wenn ein Kenner der ökumenischen Bewegung, ein entwicklungspolitischer Fachmann, ein Politologe, ein Kenner der afrikanischen oder südostasiatischen Szene oder sonst ein Experte an der Aussprache teilnähme, der

dem Gespräch zuverlässige Informationen beisteuern kann. Steht ein solcher Informant nicht zur Verfügung, wäre auf andere Weise Vorsorge zu treffen, daß die Aussprache zu einem gemeinsamen Erkenntnisvorgang gedeiht. Dabei wäre auch die naheliegendste Möglichkeit nicht zu verschmähen, nämlich ein Blick zurück auf den (gespielten) Ort und den Anlaß der Handlung, des Dialogs:

Was ist eine ökumenische Weltkonferenz?

Was ist der Ökumenische Rat der Kirchen?

Was heißt ökumenische Bewegung?

Wie ist es dazu gekommen?

Ein Rückblick auf ein halbes Jahrhundert neuerer Kirchengeschichte könnte geeignet sein, auch einen Ausblick zu vermitteln (man lese die gesammelten Reden und Aufsätze des ersten Generalsekretärs des Ökumenischen Rats der Kirchen, **Willem A. Visser 't Hooft;** nachfolgend ein kurzer Ausschnitt aus seiner Rede in der Frankfurter Paulskirche, 1966, gehalten anläßlich der Verleihung des Friedenspreises des Deutschen Buchhandels an ihn und Augustin Kardinal Bea):

»Es gibt so viele Stimmen in der Welt. Es werden so viele Erklärungen und Resolutionen angenommen und veröffentlicht. Wenn die ökumenische Bewegung nur redet, so kann sie keinen wirklich entscheidenden Beitrag zum Weltfrieden geben. Was uns fehlt, sind nicht Gedanken und Pläne. Was uns fehlt, ist die Kraft, auszuführen, was wir nach unserem Wissen und Gewissen tun sollen. So viele Ratschläge gehen noch immer von der naiven Voraussetzung aus, daß Vernunft und Altruismus diese Welt beherrschen . . .

Nehmen wir die wichtigste Frage unserer Zeit, die allerwichtigste: die Frage nach dem Verhältnis der reichen und der armen Länder zueinander. Wir wissen schon, daß die Kluft immer größer wird. Wir wissen, daß eine solche Ungleichheit immer mehr als Unrecht empfunden wird und daß, wenn dieses Problem nicht gelöst wird, es keinen dauerhaften Frieden geben kann. Wir wissen schon, daß es nicht genügt, eine bescheidene Entwicklungshilfe zu geben, sondern daß die Struktur der Weltwirtschaft verwandelt werden muß, um zu einer internationalen sozialen Gerechtigkeit zu kommen. Aber wir tun es nicht, weil wir die nötigen Opfer nicht bringen wollen, und so ist es auf vielen Gebieten. Wir wollen Frieden, aber wenn deutlich wird, daß der Friede kostspielig ist, dann weichen wir zurück.

Uns kann nur geholfen werden, wenn unser Egoismus, Provinzialismus und Nationalismus überwunden wird von einer Wirklichkeit, die größer ist als Ego, Provinz und Nation und die uns so beherrscht, daß wir bereit sind, Opfer für sie zu bringen. Das bedeutet nicht, daß wir vaterlandslose Gesellen werden, sondern daß wir die Verantwortung von Volk und Nation wirklich ernst nehmen.

Und nun scheint mir, daß hier die eigentliche Bedeutung der ökumenischen Bewegung für den Weltfrieden liegt. Denn es geht ihr nicht nur um das Zusammenleben oder Zusammenreden, es geht vor allem um das Zusammendienen. Es geht um die Wiederentdeckung der kosmischen Aufgabe des Gottesvolkes.«

We shall overcome

Amerikanisches Volkslied

2. The Lord will see us through, the Lord will see us through, the Lord will see us through some day. Oh, deep in my heart, I do believe, the Lord will see us through some day.
3. We're on to victory, we're on to victory some day. Oh, deep in my heart, I do believe, we're on to victory some day.
4. We'll walk hand in hand, we'll walk hand in hand, we'll walk hand in hand some day. Oh, deep in my heart, I do believe, we'll walk hand in hand some day.
5. We are not afraid, we are not afraid, we are not afraid today. Oh, deep in my heart, I do believe, we are not afraid today.
6. The truth shall make us free, the truth shall make us free, the truth shall make us free some day. Oh, deep in my heart, I do believe, the truth shall make us free some day.
7. We shall live in peace, we shall live in peace, we shall live in peace some day. Oh, deep in my heart, I do believe, we shall live in peace some day.

Literaturhinweise
Entwicklungspolitik – Friedenspolitik

Michel Kayoya
SPRICH DEINE SPRACHE, AFRIKA!
Gesänge von der Zukunft
Jugenddienst-Verlag

Michel Kayoya
AUF DEN SPUREN MEINES VATERS
Ein Afrikaner sucht Afrika
Jugenddienst-Verlag

Kay-Michael Schreiner
SKLAVE IM EIGENEN LAND
Unterdrückung und Widerstand im südlichen Afrika
Jugenddienst-Verlag

Michael Traber
DAS REVOLUTIONÄRE AFRIKA
Laetare, Imba

Kennet D. Kaunda
HUMANISMUS IN SAMBIA
Programm und Entwicklung einer neuen Ordnung
Laetare, Imba

STICHWÖRTER zur Entwicklungspolitik
aus afrikanischer Sicht
Laetare

Raymond Kunene
DIE GROSSFAMILIE
Eine afrikanische Gesellschaftstheorie
Laetare, Imbia

Eugen Fehr
NAMIBIA
Befreiungskampf in Südwestafrika
Laetare, Imba

LESEBUCH DRITTE WELT
Eine Auswahl von Texten aus afrikanischen, asiatischen und lateinamerikanischen Entwicklungsländern für den Unterricht
Mit einem Vorwort von Erhard Eppler
Peter Hammer Verlag

STRUKTUR + PRAXIS
Materialien für Predigt und Unterricht zur Denkschrift der EKD »Der Entwicklungsdienst der Kirche – ein Beitrag für Frieden und Gerechtigkeit in der Welt«
Jugenddienst-Verlag

Reiner Dederichs
KIRCHEN AM KILIMANJARO
Eine Reise zu Stationen kirchlicher Entwicklungshilfe in Ost-Afrika
Mit einem Vorwort von Klaus Lefringhausen
Jugenddienst-Verlag

ARBEITSFELD ENTWICKLUNGSHILFE
Organisationen, Verfahren, Rechtsfragen, Vorbereitung, Betreuung
Information und Kritik
Herausgegeben von Winfried Schneider
Jugenddienst-Verlag

Werner Holzer
26MAL AFRIKA
Piper Verlag

v. Ham / F. Ritte (Hrsg.)
AFRIKA GESTERN UND HEUTE
Jugend und Volk

AFRIKA: STÄMME, STAATEN, KÖNIGREICHE
Rowohlt Verlag

»Moderne Erzählungen der Welt« (Geistige Begegnungen Bd. 31)
WESTAFRIKANISCHE ERZÄHLUNGEN
Erdmann Verlag

Leonard Barnes
ENTWICKLUNG OHNE AUSBEUTUNG
Für ein neues Afrika, 1974
texte 8 zur Arbeit von »Dienste in Übersee«
7 Stuttgart 1, Gerokstraße 17

Josué de Castro
GEOPOLITIK DES HUNGERS
Suhrkamp Verlag

Carl Friedrich von Weizsäcker
- BEDINGUNGEN DES FRIEDENS
  Mit einer Laudatio von Georg Picht
  Vandenhoeck & Rupprecht
- GEDANKEN ÜBER UNSERE ZUKUNFT
  Drei Reden
  Vandenhoeck & Rupprecht
- DER UNGESICHERTE FRIEDE
  Vandenhoeck & Rupprecht

Ernst Lange
LEBEN IM WANDEL
Überlegungen zu einer zeitgenössischen Moral
Burckhardthaus-Verlag

DAS HEIL DER WELT HEUTE
Herausgegeben im Namen des Ökumenischen Rates der Kirchen
von Philip A. Potter
Kreuz Verlag

Organisationen und Behörden in der BRD

Bundesministerium
für wirtschaftliche Zusammenarbeit
53 Bonn
Friedrich-Ebert-Allee 116

Deutsche Stiftung
für Entwicklungsländer
1 Berlin 30
Rauchstr. 22
(Seminare und Dokumentation)

Deutsche Gesellschaft
für wirtschaftliche Zusammenarbeit
5 Köln 41
Dürener Str. 295
(Förderung von Privatinvestitionen)

Brot für die Welt
7 Stuttgart 1
Stafflenbergstr. 76

Misereor
51 Aachen
Mozartstr. 9

Zentralstelle für Entwicklungshilfe
51 Aachen
Mozartstr. 9

Evangelische Zentralstelle
für Entwicklungshilfe
53 Bonn 1
Poppelsdorfer Allee 29

Deutsche Welthungerhilfe (FAO)
53 Bonn
Adenauerallee 49

Katastrophenhilfe

Arbeiter-Samariter-Bund Deutschland e. V.
5 Köln 41
Sülzburgstr. 146

Deutscher Caritasverband
78 Freiburg
Karlstr. 40

Deutscher Paritätischer Wohlfahrtsverband
6 Frankfurt
Heinrich-Hoffmann-Str. 3

Deutsches Rotes Kreuz
53 Bonn
Friedrich-Ebert-Allee 71

Das Diakonische Werk
der Evangelischen Kirche
in Deutschland
7 Stuttgart 1
Stafflenbergstr. 76

Johanniter Unfallhilfe
5 Köln 91
Frankfurter Str. 66

Malteser-Hilfsdienst
5038 Rodenkirchen/Köln
Hauptstr. 24

medico international
6 Frankfurt
Homburger Landstr. 455

Terre des Hommes Deutschland e. V.
45 Osnabrück
Postfach 4126

Bundesanstalt Technisches Hilfswerk im Bundesamt für zivilen Bevölkerungsschutz
53 Bonn-Bad Godesberg
Deutschherrenstr. 93

Personelle Hilfe

Deutscher Entwicklungsdienst
53 Bonn-Bad Godesberg
Truchseßstr. 100
(getragen vom Arbeitskreis »Lernen und Helfen in Übersee« e. V. und von der Bundesrepublik Deutschland)

Arbeitsgemeinschaft für Entwicklungshilfe (AGEH)
(getragen von katholischen Organisationen und Institutionen)
51 Aachen
Mittelstr. 16

Dienste in Übersee e. V. (DÜ)
7 Stuttgart 1
Gerokstr. 17
(getragen von evangelischen Organisationen)

Eirene, Internationaler Christlicher Friedensdienst e. V.
533 Königswinter 1
Römlinghoven-Malteserhof

Weltfriedensdienst
1 Berlin 12
Jebenstr. 1/V

Sagen und singen

Eckart Bücken: Sagen und singen

»Wer nicht singen und sagen will, das ist ein Zeichen, daß er nicht gläubet.« Martin Luthers Plädoyer fürs Singen und Sagen aus Glauben stand den Auffassungen von Calvin und Zwingli entgegen, die, wie viele Reformatoren, das Singen ablehnten. Luther verstand Singen und Sagen als Äußerungen von Bekennen und Verkündigen. Beides wird in einem Atemzug genannt, als ob der Mensch, der singt, nur in anderer Form verlauten lassen möchte, was er durch Sagen allein nicht auszudrücken vermag. So wie in bestimmten Situationen es besser ist, zu schreien oder zu rufen.

Unabhängig von der bewußten Wahl der Ausdrucksweisen sind jene Äußerungen, deren niemand gänzlich Herr ist. Wird ein Mensch von Sorgen, Leiden oder Schmerzen gequält, so kann er nicht nur, er muß klagen, weinen, schreien, schluchzen, auch ungewollt. Ist er dagegen heiter, fröhlich, hochgestimmt, so kann oder muß er lachen, jauchzen, jubeln. Dabei sind Tonhöhen, Klangfarben und Melodien nicht nur Transportmittel und Verstärker von Sprache, sondern auch Signale aus bestimmten Gefühlslagen, in denen Menschen genötigt sind, sich zu äußern. »Schreit ein Mensch in seiner eigenen Not, schreit er für sich, so schreit er chromatisch. Findet er jemanden, der Hilfe braucht und macht er sich für diesen lautbar, so pflegt er in der Regel nicht zu schreien, sondern zu rufen.« (Otto Brodde in seinem Beitrag »Warum singt der Mensch?«, vorgetragen auf der Arbeitstagung Neues Kirchenlied 1970 in Aumühle.)

Freilich bedarf es des Hinweises auf extreme Situationen nicht, um zu zeigen, daß Singen sich in entspannten Situationen als eine kreatürliche und deswegen wohl auch kreative Art lautlichen Ausdrucks erweist. Die Probe aufs Exempel hieße: Was will der Mensch, der singt? Will er sich im Singen verständlich machen, etwas mitteilen, sich von Ängsten befreien, Geister beschwören, Gemeinschaft suchen, Gleichgesinnte bestärken, auf seine Situation aufmerksam machen oder andere auf ihre eigene Situation hinweisen? Was könnte er sonst mit seinem Singen bezwecken wollen? – Oder will er nichts? Ist das Lied, das aus der Kehle dringt, ihm Lohn genug? Singt er zwecklos?

Sicherlich ist es kein Zufall, daß der Kirchentag wieder zum Singen, Spielen und Feiern gekommen ist. Gerade die Kirche bietet sich in der weitgehend verzweckten Welt als ein Freiraum an, in dem wieder so gesungen werden kann, wie es die Situationen erfordern und wie den Menschen zumute ist. Wenn nicht vom Kantor, so kann man sich manchmal von den

Kindern helfen lassen. Von Kindern kann man lernen, wie sie sowohl ihren Kummer als auch ihre Freude zum Ausdruck bringen.

Dennoch sollte nicht überschätzt werden, was Singen vermag, denn durch Lieder allein kann keine Gemeinschaft entstehen. Gleichwohl sollte das Singen auch nicht unterschätzt werden, oft hat es seine Kraft bewährt, selbst da, wo es ideologisch in Dienst genommen wurde. Wer singt, tut gut, das Denken nicht ganz abzustellen.

Neue Lieder zum Thema – nicht vom Brot allein

Im September 1972 wurde von der Arbeitsgemeinschaft Musik in der Evangelischen Jugend in Zusammenarbeit mit dem Deutschen Evangelischen Kirchentag eine öffentliche Ausschreibung veranstaltet, die auch von Presse, Rundfunk und literarischen Fachzeitschriften verbreitet wurde. In der Einladung zur Mitarbeit an neuen geistlichen Liedern hieß es unter anderem: »Das vielfältige Fragen, wovon lebt der Mensch wirklich, kann auch in Liedern zum Ausdruck kommen. Vom religiösen Volkslied bis zum Protest-Song, vom Kirchenlied bis zum Kanon, vom Erzähllied des einzelnen bis zum mehrstimmigen Chor reicht die Skala geeigneter musikalischer Formen. Doch jedes neue Lied braucht zunächst einen neuen Text. Deshalb ergeht an Sie die herzliche Bitte, das Kirchentags-Thema zu bedenken und entsprechende neue Liedtexte zu versuchen.«
Nach Abschluß der vorbereitenden Planung durch die Arbeitsgemeinschaft Musik übernahm die Projektgruppe »Offenes Singen / Liederheft« das Vorhaben. Ihr gehörten Vertreter des Kirchentages und der Arbeitsgemeinschaft Musik, Mitglieder oder Projektgruppe »Posaunen« sowie Singeleiter, Textautoren und Komponisten an.
Das Ergebnis der bisher größten Ausschreibung dieser Art war zunächst nur an Zahlen abzulesen: Fristgerecht, also bis zum 10. Januar 1973, hatten 56 Autoren insgesamt 357 eingesandt. Diese bisher unveröffentlichten Texte zu sichten und zu bewerten, war die erste große und schwierige Aufgabe der Projektgruppe, die einige weitere Fachleute um Mitarbeit gebeten hatte. Zwei Tage lang wählte die erweiterte Projektgruppe in der Akademie Remscheid aus den 357 Texten aus und traf nach ausführlichen Diskussionen eine Auswahl von 31 Texten, und zwar unter folgenden Gesichtspunkten. Die Liedtexte sollten

1. sich auf das Thema des Kirchentags beziehen,
2. poetisch-literarischen Kriterien annähernd genügen,
3. ihre Inhalte unverschlüsselt und verständlich darbieten,
4. von der Textgestaltung her mutmaßlich singbar und
5. in ihren theologischen Aussagen sowohl bibel- als auch zeitgemäß sein.

Mit der Bitte, einen oder mehrere der ausgewählten Texte zu vertonen, wurden die vervielfältigten Manuskripte an über fünfzig interessierte Komponisten und Liedermacher verschickt. Gesucht wurden

– solistische Lieder für Solostimme und instrumentale Begleitung,
– Lieder für Vorsänger (oder Chor) und Gemeinde,

– Gemeindelieder (auch Bläsersätze).
Einsendeschluß war der 10. April 1973.
Fristgerecht wurden 132 Kompositionen eingeschickt.
Auch diese Auswahl hatte ihre Schwierigkeiten, denn es gab zu manchen Texten bis zu neun verschiedene Kompositionen, hingegen waren einige Texte gar nicht vertont worden, was besonders in bezug auf die etwas anspruchsvolleren Texte bedauerlich war, die einer allzu geläufigen Vertonung offenbar einigen Widerstand entgegensetzten.

Vom 13. bis zum 15. April 1973 prüfte die Projektgruppe, die sich in zwei Arbeitsgruppen geteilt hatte, jede Melodie in beiden Gruppen. Schließlich wurden nach ausführlicher Plenumsdiskussion 22 Melodien für das Kirchentagsliederheft ausgewählt, nachdem man sich auf folgende Kriterien geeinigt hatte:
– Übereinstimmung von Text und Melodie,
– Singbarkeit ohne große Schwierigkeiten,
– ein Mindestmaß an musikalisch-künstlerischer Qualität.
So entstand für den Düsseldorfer Kirchentag ein neues Liederheft, das in seinem ersten Teil bekannte »Lieder der Kirche«, beliebte Choräle und Psalmen enthält, im zweiten Teil bewährte »Neue geistliche Lieder« und im dritten Teil die »Neuen Lieder zum Thema« des Kirchentags. Dabei wurden nach entsprechendem Plenums- und Redaktionsbeschluß zu fünf neuen Liedtexten jeweils *zwei* Melodien angeboten. Außerdem sind zu neun der neuen Lieder entsprechende Bläsersätze geschrieben worden.
Rückblickend läßt sich der Arbeitsablauf, der einen Zeitraum von zehn Monaten einnahm, durch neun Phasen charakterisieren:
1. Vorplanung, Finanzierung, Aufgabenverteilung,
2. Öffentliche Ausschreibung, Werbung,
3. Auswahl I – Texte – Wochenendtagung und Text-Versand an interessierte Komponisten,
4. Auswahl aus den alten Kirchentagsliederheften,
5. Verhandlungen mit Verlag und Druckerei,
6. Auswahl II – Kompositionen – Wochenendtagung und Aufträge für Posaunen-Sätze,
7. Redaktion und Drucklegung des Liederheftes,
8. Versand des Liederheftes und der Posaunen-Sätze an die Singeleiter und Posaunen-Chöre,
9. Offenes Singen auf dem Kirchentag und Beteiligung an den entsprechenden Veranstaltungen des Kirchentags, Gottesdienst, Beatmesse, Liturgische Nacht, Schlußveranstaltung.
Sowohl das Ausschreibungsverfahren als auch die frühzeitige Zusammenarbeit von Textautoren und Komponisten, Singeleitern und Posaunisten

haben sich bewährt, zumal die Erfahrungen aus früheren Ausschreibungen und Wettbewerben in die Arbeit der Projektgruppe eingebracht werden konnten. In höherem Maß als je zuvor ist es gelungen, verhältnismäßig viele Autoren und Komponisten anzusprechen, die bisher noch nie oder nur zögernd mit kirchlicher Arbeit in Kontakt gekommen waren. Aufwand und Ergebnis stehen in einem vernünftigen Verhältnis zueinander, zumal nicht nur das Liederheft und der dort nachprüfbare Anteil neuer Lieder zu bewerten ist.

Trotz der üblichen Schwierigkeiten machen die gewonnenen Erfahrungen Mut, auf diesem Gebiet weiterzuarbeiten. Freilich in der Erkenntnis, daß die Grenzen des Ausschreibungsverfahrens in bezug auf die zu erwartende Qualität der neuen Texte und Melodien sichtbar geworden sind. Eine Steigerung ins Massenhafte schlüge keineswegs automatisch in Qualität um. Daraus resultiert, daß gerade auch zwischen den Kirchentagen eine möglichst kontinuierliche Zusammenarbeit zwischen Textautoren und Komponisten gefördert werden sollte. Ergiebiger als der eine oder andere aktuelle Kraftakt ist die kontinuierliche Arbeit an neuen geistlichen Liedern, so daß neue Erfahrungen und neue Ergebnisse der weiterführenden Arbeit zugute kommen können.

Wir testen 12 Texte – Postkarte genügt!

Der 15. Deutsche Evangelische Kirchentag hat nicht nur ein neues Liederheft hervorgebracht, sondern auch eine Langspielplatte zum Kirchentags-Thema »Nicht vom Brot allein« bewirkt. Die oft gehörte Prognose »Heute will ja doch keiner mehr singen« konnte weder von aktiven Teilnehmern noch von kritischen Beobachtern des Düsseldorfer Kirchentages bestätigt werden. Vielleicht hat die Nähe des Rheins und die Geschichte der Heine-Stadt Düsseldorf, in der Joachim Neander vor 300 Jahren seine besten Kirchenlieder gedichtet hat, als kultur-klimatische Stimulanz gewirkt, der sich auch skeptische Kirchentagsbesucher nicht ganz entziehen konnten. Was eine »Liturgische Nacht« ist und was eine »Beatmesse« sein kann, weiß man eigentlich erst seit Düsseldorf.

Was indessen die Langspielplatte *Nicht vom Brot allein,* Neue geistliche Lieder des Deutschen Evangelischen Kirchentags, Düsseldorf 1973, ams studio 453 (Schwann-Verlag, 4 Düsseldorf, Postfach 7640) nicht ohne weiteres leisten kann, soll nun an dieser Stelle angeregt und vermittelt werden. Hier soll dazu ermuntert werden, an dem bisweilen verklemmten Verhältnis zwischen »Produzenten« und »Konsumenten« zu rütteln, und zwar durch einen vernünftigen Gedankenaustausch und neue Kontakte.

Ausgehend von der Einsicht, daß jedes neue Lied beim neuen Text anfängt, soll hier zur Textkritik ermuntert werden. Denn gerade solche Lieder, die gemeindlich und gesellschaftlich nicht unverbindlich sein sollen, haben in bezug auf ihre Worte und Wendungen, auf ihre Themen und Tendenzen ein Mindestmaß an Übereinstimmung mit dem Lebensgefühl und den Erfahrungen ihrer Zeitgenossen nötig. Lieder zum Mitsingen sind keine Privatsache. Sie können Ausdruck vieler einzelner, aber auch Ausdruck verschiedener Gruppen und Gemeinschaften, Gemeinden und gesellschaftlicher Schichten werden. Ist ein Lied in die Welt gesetzt, kann jedermann mitbestimmen, wie es ihm ergehen soll. Freilich hat qualifizierte Mitbestimmung auch hier ihre Schwierigkeiten. Gerade weil Instrumentation und Arrangement, Interpret und Manager eines neuen Liedes den kritischen Blick auf den Text allzu schnell verstellen, soll hier eine Probe auf 12 Exempel gemacht werden:

Frage 1: Welcher Text gefällt Ihnen am besten?

Frage 2: Welcher Text gefällt Ihnen am wenigsten?

Frage 3: Welcher Text ist Ihrer Meinung nach nur oder am besten im Gottesdienst brauchbar?

Frage 4: Welcher Text ist Ihrer Meinung nach nur außerhalb der Kirche brauchbar?

Frage 5: Sind Sie dafür oder dagegen, daß die Entstehung neuer geistlicher Lieder von der Kirche gepflegt und gefördert wird?

Bitte senden Sie Ihre Antworten bis spätestens zum 20. Dezember 1974 an den:

Landeskirchen-Singewart
Landeskirchenamt
4 Düsseldorf 32
Hans-Böckler-Straße 7
Postfach 10182

Das Umfrage-Ergebnis wird spätestens bis Ostern 1975 allen Einsendern mitgeteilt. Bitte den gültigen Absender vollständig und deutlich auf die Antwort-*Karte* schreiben!
Und hier nun die zwölf Texte der Plattenseite A und B:

A, 1
Auf Erden Gast sein

Auf Erden Gast sein, rundherum,
das ist ein beschwerlicher Stand.
Die Erde hält den Buckel hin:
Hier ist das verheißene Land.
Wer hat Quartier? Wer sucht noch eins?
Wer hat Essen? Wer hat keins?
Im Namen Gottes gastlich sein,
wie kommt das in Betracht?
Wer kann das schon? Wer lernt das noch?
Es ist noch nicht vollbracht.

Auf Erden frei sein, rundherum,
das ist ein beschwerlicher Stand.
Die Freiheit hält den Buckel hin:
Hier ist das verheißene Land.
Wer hat ein Ziel? Wer sucht noch eins?
Wer kennt das Spiel? Und wer kann keins?
Im Namen Gottes frei zu sein,

wie kommt das in Betracht?
Wer kann das schon? Wer lernt das noch?
Es ist noch nicht vollbracht.

Auf Erden froh sein, rundherum,
das ein beschwerlicher Stand.
Die Güte hält den Buckel hin:
Hier ist das verheißene Land.
Wer liebt genug? Und wer liebt nicht?
Wer hat Geduld? Wer duldet nicht?
Im Namen Gottes fröhlich sein,
wie kommt das in Betracht?
Wer kann das schon? Wer lernt das noch?
Es ist noch nicht vollbracht.

Arnim Juhre

A, 2
Lied vom Brot

1–2–3–4–5–6–7
wo ist der alte Spruch geblieben?
Gestern las ich noch den Schrieb:
Unser täglich Brot uns gib.
Heute les ich: Täglich frisch
Brötchen auf den Frühstückstisch.

1–2–3–4–5–6–7
wo ist das Grammophon geblieben?
Gestern hat es noch geschnarrt:
Täglich Brot bringt dich in Fahrt.
Heute hör ich Werbefunk:
Flüssig-Brot bringt dich in Schwung.

1–2–3–4–5–6–7
wo ist das alte Bild geblieben?
Mann und Frau im Abendrot
ernten auf dem Feld ihr Brot.
Heute ist das Bild antik.
Brot kommt aus der Brotfabrik.

1–2–3–4–5–6–7
wo ist der Erntekranz geblieben?
Gestern hing er noch im Haus
ährenreicher Augenschmaus.
Heute hängt der Brotkorb tief
und im Haus der Segen schief.

1–2–3–4–5–6–7
wo ist mein schlaues Buch geblieben?
Gestern sprach die Wissenschaft:
Brot gib allen Menschen Kraft.
Heute sagt man: Iß dich schlank,
laß das Brot im Küchenschrank.

1–2–3–4–5–6–7
wo ist der Brotknust abgeblieben?
Gestern fraß ihn unser Hund,
heute ist das ungesund,
und man lockt mit Brot nicht mehr
einen Hund vom Ofen her.

1–2–3–4–5–6–7
siebenmal Brot ist hier beschrieben.
Fette Jahre, dickes Geld,
Brot im Müll, Brot für die Welt.
Und als Gleichnis fällt mir ein:
Keiner lebt vom Brot allein.

Hildegard Wohlgemuth

A, 3
lied für blinde lahme taube

der blinde mann
von jericho
der kann nun wieder sehn
der lahme aus jerusalem
der kann nun wieder gehn

in köln und auch
in wuppertal
sind leute blind und lahm
es fehlt der eine der sie sieht
wie damals einer kam

er sah sie an
mit einem blick . . .
und nahm sie bei der hand
er sprach dabei ein neues wort
wie keiner spricht im land

so gehen viele
blind daher
und lahm und stumm und taub
und manche laufen *tot* herum
und stehen nicht mehr auf

es fehlt der eine
der sie weckt
der hört und spricht und merkt
der eine der sich selbst vergißt
der andre heilt und stärkt

wann kommt der eine
noch einmal
vielleicht auch zwei und drei
nach afrika amerika
zu uns in die türkei

wann kommt der eine
noch einmal
vielleicht ne ganze flut
nach überall und allezeit
so einer tät uns gut

Wilhelm Willms

A, 4
Täglich Brot

Weil es noch zu wenig sind
Die die Zeit sich nehmen
Leben Menschen
Ohne Träume
In dieser Zeit

Träumen wollen alle Menschen
Brot allein ist nicht genug

Weil es noch zu wenig sind
Die die Angst vertreiben
Leben Menschen
Ohne Hoffnung
In dieser Welt

Hoffen wollen alle Menschen
Brot allein ist nicht genug

Weil es noch zu wenig sind
Die die Fesseln lösen
Leben Menschen
Ohne Freiheit
In dieser Stadt

Frei sein wollen alle Menschen
Brot allein ist nicht genug

Weil es noch zu wenig sind
Die den Haß besiegen
Leben Menschen
Ohne Liebe
In diesem Land

Lieben wollen alle Menschen
Brot allein ist nicht genug

Hans-Jürgen Netz

A, 5
der abel-song

du sollst den abel nicht erschlagen
du sollst zu ihm nicht nigger sagen.

du sollst auf ihn nicht runtergucken
ihm nicht ins dunkle antlitz spucken.

du sollst ihn federn nicht und teeren
mit ihm nicht deine gelder mehren.

du sollst nicht peitschen seinen rücken
du sollst ihn nicht aufs schlachtfeld schicken.

du sollst nicht über ihn dich setzen
du sollst nicht seinen stolz verletzen.

du sollst ihm nicht das brot verweigern
du sollst nicht seine schulden steigern.

du sollst mit ihm nicht wucher treiben
du sollst nicht seine ehr abschneiden.

du sollst ihm nicht dein haus verschließen
du sollst nicht seinen sturz genießen.

für abels namen jeden setzt
der verfolgt gejagt gehetzt.

Josef Reding

A, 6
Es ist noch nicht entschieden

Es ist noch nicht entschieden,
wohin die Erde rollt.
Wie wird der Krieg vermieden
und Menschenrecht gewollt?
Wer kann die Welt verpflichten
auf Gottes Grundgesetz?

Es ist noch nicht entschieden,
was groß heißt und was klein,
der lange Marsch zum Frieden
ist noch nicht allgemein.
Wer kann die Vielfalt richten
durch Gottes Ebenbild?

Es ist noch nicht entschieden,
wie wir das Ziel verstehn,
die Völker sind verschieden
und jedes will bestehn.
Die Liebe hilft verwandeln,
damit die Angst vergeht.

Arnim Juhre

B, 1
lied das die welt umkreist

brot
das die hoffnung nährt
freude
die der trauer wehrt
lied
das die welt umkreist

wolke
die die feinde stört
ohr
das von rettung hört
lied
das die welt umkreist

wort
das das schweigen bricht
trank
der die brände löscht
lied
das die welt umkreist

kraft
die die lahmen stützt
hand
die die schwachen schützt
lied
das die welt umkreist

brot
das sich selbst verteilt
hilfe
die zu hilfe eilt
lied
das die welt umkreist

Wilhelm Willms

B, 2
liebe ist nicht nur ein wort

liebe ist nicht nur ein wort
liebe das sind worte und taten
als zeichen der liebe ist jesus geboren
als zeichen der liebe für diese welt

freiheit ist nicht nur ein wort
freiheit das sind worte und taten
als zeichen der freiheit ist jesus gestorben
als zeichen der freiheit für diese welt

hoffnung ist nicht nur ein wort
hoffnung sind worte und taten
als zeichen der hoffnung ist jesus lebendig
als zeichen der hoffnung für diese welt

Eckart Bücken

B, 3
Song vom Abhauen

Hört, Leute, ein Liedlein, und das geht so:
Der eine hat Sorgen, der andre ist froh,
der Reiche hat Brot, der Arme hat keins –
das ist das übliche Einmaleins.

Doch einmal wird allen der Atem knapp,
einmal, Leute, hauen wir ab –
wohin? Leute, wohin?

Der wohnt im Grünen und der in der Stadt,
der eine spricht hochdeutsch, der andere platt,
der baut auf Gott und jener auf Sand –
das ist der normale Tatbestand.

Der dreht ein Ding und sitzt dann im Knast,
der andre hat Schwein und wird nicht gefaßt,
und der ist Heide, der andere Christ,
der: Tippelbruder, und der: Polizist.

Der eine hat Grips, der andre das Amt,
der da sagt: Kruzi, und der sagt: Verdammt,
und der hat Tb, und der ist gesund –
je nach dem registrierten Befund.

Der eine lebt einfach so vor sich hin,
der andre grübelt und fragt nach dem Sinn,
und einer merkt was, und einer nicht,
nicht mal die Moral von der Geschicht.

Und der hat stets die Uhr bei der Hand,
der hat sie im Sack und der an der Wand,
und jetzt ist noch Zeit, und dann ist's zu spät –
und das ist der Punkt, um den es geht.

Denn einmal wird allen der Atem knapp,
einmal, Leute, hauen wir ab –
wohin? Leute, wohin?

Rudolf Otto Wiemer

B, 4
jimmy

Refrain:
jimmy wohnt in einer hütte
aus pappe stroh und blech
sie hat kein festes dach und
keinen festen boden

er ist das vierte von acht kindern
der vater säuft
die mutter hat sich krankgearbeitet
drei geschwister sind vorbestraft
man hat sie beim klauen erwischt
Refrain: jimmy wohnt . . .

eine schule hat er nie gesehn
rechnen lesen schreiben nie gelernt
klauen kann er besser als arbeiten
klauen hat er gelernt
für einen teller warme suppe
geht er auf den strich
dann erzählen sie ihm von der großen stadt
eines morgens fährt er los
Refrain: jimmy wohnt . . .

jetzt steht er auf der straße
ohne geld in der tasche
ohne dach überm kopf
ohne freunde an der hand
wenn er nach arbeit fragt
verlangen sie papiere
papiere kennt er nicht
sie sagen ihm
keine stelle frei
überall
keine stelle frei
Refrain: jimmy wohnt . . .

er pennt zwei wochen
in hausgängen
auf parkbänken

und unter brücken
in der großen stadt
von irgendeinem hat er geld erbettelt
das gerade für die Rückfahrt reicht
Refrain: jimmy wohnt . . .

jetzt fragt er sich
warum sein vater säuft
warum er hier wohnen muß
warum er jimmy heißt

Hans-Jürgen Netz

B, 5
wenn die liebe mehr ist

wenn die liebe mehr ist
als ein wort
wenn die liebe mehr ist
als ein federstrich

dann leben die armen
nicht mehr in hütten
dann spielen die titel
keine rolle mehr

wenn die liebe mehr ist
als ein wort
wenn die liebe mehr ist
als ein federstrich

dann zählen die reichen
nicht mehr die schätze
dann stehlen konzerne
keinen pfennig mehr

wenn die liebe mehr ist
als ein wort
wenn die liebe mehr ist
als ein federstrich

dann quälen die starken
nicht mehr die schwachen
dann trennen die grenzen
keine menschen mehr

Hans-Jürgen Netz

B, 6
Den Weg wollen wir gehn

Wer bringt dem Menschen
Der blind ist das Licht
Wer reicht dem Menschen
Der Angst hat die Hand
Wer geht den Weg
Der die Mühe lohnt

Den Weg wollen wir gehn
Die Liebe geht mit uns
Auf dem langen und steinigen
Auf dem weiten und unbequemen
Auf dem Weg
Der die Mühe lohnt

Wer deckt dem Menschen
Der hungert den Tisch
Wer reicht dem Menschen
Der Durst hat den Krug
Wer geht den Weg
Der die Mühe lohnt

Den Weg wollen wir gehn . . .

Wer gibt dem Menschen
Der zweifelt den Mut
Wer gibt dem Menschen
Der absackt den Halt
Wer geht den Weg
Der die Mühe lohnt

Den Weg wollen wir gehn . . .

Hans-Jürgen Netz

Wupper.
[ESG]

VOX
VOX

Zur Bewährung auf freien Fuß gesetzt

Die Kirchentagsplatte *Nicht vom Brot allein* ist nicht am grünen Tisch und nicht allein im schalldichten Tonstudio entstanden. Sie stammt aus der Kirchentagspraxis und ist für die praktische Arbeit in den Gemeinden gedacht. So sind auch die folgenden Randbemerkungen zu verstehen: als erste Erfahrungsberichte über die Verwendung dieser Lieder im Gottesdienst und anderen Gemeindeveranstaltungen. Freilich muß an jedem Ort und zu jeder Zeit erneut geprüft werden, ob Situationen gegeben oder zu schaffen sind, in denen Menschen zu singen bereit sind, nicht nur die gewohnten, sondern auch neue Lieder.

A-Seite der Schallplatte:	**Einsatzmöglichkeit:**
A, 1 **Auf Erden Gast sein, rundherum**	Sololied, Der letzte Teil, ab »Im Namen Gottes ...«, ist als Gemeinderefrain geeignet. Kann Verwendung finden in verschiedenen thematisch orientierten Veranstaltungen, ist aber auch im Kindergottesdienst zu gebrauchen, weil die Melodie bewußt an ein Kinderlied (Es geht ein Bi-Ba-Butzemann) anknüpft.
A, 2 **Eins, zwei, drei, vier, fünf, sechs, sieben**	Sololied (Erzähllied), das als Anstoß und Provokation eingesetzt werden kann, etwa zum Thema: Erntedank, ist aber auch als kabarettistischer Song in einer entsprechenden Veranstaltung geeignet.
A, 3 **Der blinde Mann von Jericho**	Gemeindelied mit vielfältiger Verwendungsmöglichkeit, auch für Kinder denkbar.

A-Seite der Schallplatte:	Einsatzmöglichkeit:
A, 4 **Weil es noch zu wenig sind**	Sololied mit möglichem Gemeinderefrain, kann auch als Meditation Verwendung finden.
A, 5 **Du sollst den Abel nicht erschlagen**	Lied für Solo und Chor. Denkbar als Anstoß und Provokation in verschiedenen thematisch akzentuierten Veranstaltungen.
A, 6 **Es ist noch nicht entschieden**	Chorlied, das einen »schweren« Inhalt durch ein beschwingtes Arrangement transportiert. Denkbar als Anstoß und Provokation, aber auch als Diskussionsgrundlage für aktuelle Probleme.

B-Seite der Schallplatte:	Einsatzmöglichkeit:
B, 1 **Brot, das die Hoffnung nährt**	Solo- bzw. Chorlied, das zum Abendmahl oder als Meditation gesungen werden kann.
B, 2 **Liebe ist nicht nur ein Wort**	Gemeindelied mit choralhaftem Charakter. Vielfältige Möglichkeiten der Verwendung im gottesdienstlichen Bereich.
B, 3 **Hört Leute ein Liedlein, und das geht so**	Sololied mit Refrain, der sowohl von einem Chor als auch von der Gemeinde gesungen werden kann. Als Erzähllied besonders gut zur Gesprächseinleitung zum Thema »Tod« geeignet, sofern die ernste und zugleich humorvolle Darbietung berücksichtigt und erklärt wird.

B-Seite der Schallplatte:	Einsatzmöglichkeit:
B, 4 **Jimmy wohnt in einer Hütte**	Auch hier handelt es sich um ein solistisches Erzähllied, der Refrain kann mitgesungen werden. Die einzelnen Strophen können gesungen, aber auch gesprochen werden.
B, 5 **Wenn die Liebe mehr ist als ein Wort**	Lied für Vorsänger (Chor) und Gemeinde, kann auch einfach zur Gitarre gesungen werden. Im Gegensatz zu anderen Liedern singt die Gemeinde neuen Text vor, während der Vorsänger immer den gleichen Text singt.
B, 6 **Wer bringt dem Menschen, der blind ist, das Licht?**	Auch dieses Lied ist für Vorsänger bzw. Chor und Gemeinde gedacht. Im gottesdienstlichen Bereich könnte es an verschiedensten Stellen eingesetzt werden. Es bietet sich als Lied nach der Predigt oder als Schlußlied an.

Wie man Schallplatten im Gottesdienst brauchen kann

Beispiel I: Evangelische Hoffnungskirche Düsseldorf-Garath, Sonntag 10.00 Uhr Konfirmation: Die Konfirmanden gestalten den Gottesdienst selbst und wählen ein Lied aus zur Situation der Kinder in der Großstadt. Ein Sänger mit Gitarre soll es vortragen, man kann aber keinen finden. Nach verschiedenen Gesprächen wird beschlossen, die entsprechende Platte einzuspielen, denn man will auf keinen Fall auf das Lied verzichten.

Beispiel II: Katholische Salvatorkirche Amsterdam-Nord, Sonntag 10.00 Uhr Eucharistiefeier: Obwohl eine kleine Orgel vorhanden ist, sieht man keinen Organisten, statt dessen bedient der Küster die Discothek der kleinen Kirche. Zu Beginn wird Orgelmusik alter Meister gespielt, es folgen die einzelnen Lieder im Verlauf der Messe. Combo und Chor auf der Platte regen zum Mitsingen an, bei einigen Liedern singt die Gemeinde nur den Refrain mit. Für eines der Lieder steht keine Platte zur Verfügung, der Pfarrer stimmt es an und die Gemeinde singt a capella.

Beispiel III: Evangelische Thomaskirche Düsseldorf, Samstag 16.30 Uhr Kindergottesdienst: Die Kinder können sich zu Beginn des Gottesdienstes auswählen, welche Lieder sie singen wollen. Unter anderem fällt die Wahl auf ein in der Gemeinde bekanntes neues Lied für Solo, Chor und Gemeinde. Die Kinder wollen nur den Refrain singen. Es existiert ein Playback-Band, auf dem nur die Band und der Vorsänger aufgenommen wurden. Das Tonband wird abgespielt, die Kinder singen den Refrain mit und klatschen dazu.

Diese drei Beispiele verdeutlichen, wie die vorhandenen Medien sinnvoll in einen Gottesdienst eingebaut werden können, wenn zum Beispiel der Kirchenmusiker in der Gemeinde fehlt oder wenn er überlastet ist, daß er nicht in jedem Gottesdienst spielen kann. In einigen Gemeinden hat sich der Aufgabenbereich des Kirchenmusikers so verändert, daß er sich auch als Musikberater und Medienfachmann versteht. Sicher gibt es gerade in dieser Richtung eine Menge neuer Aufgaben, die den Aktionskreis des Kirchenmusikers vor allem bis in die Jugendarbeit hinein vergrößern.

Für ein Brot

Wie man Nachrichten übersetzen und lautbar machen kann

Unter den zahllosen Nachrichten, die einen informationswilligen Zeitgenossen hierzulande pro Tag, Woche und Jahr per Zeitung, Rundfunk und Fernsehen erreichen und bisweilen überfluten, gibt es billige und teure, wohlfeile und exklusive Nachrichten. Einerseits muß man auswählen, andererseits um neue Informations-Quellen sich bemühen, jedenfalls mehr als 20 Pfennige für eine Tageszeitung ausgeben.
Nicht immer entscheidet der reine Informationswert darüber, ob eine Nachricht auf längere Zeit in Erinnerung bleibt oder nicht. Nimmt eine Nachricht die Gestalt einer Episode, einer Mini-Story, eines Witzes oder Gags an, vermag sie – sozusagen – mehr als eine Gehirnzelle zu reizen, kann sie in mehr als nur einem Gedankengang gespeichert werden. Ein ergiebiges Beispiel bietet die folgende Nachricht:

Für ein Brot

Einen aufschlußreichen Test unternahm kürzlich ein englischer Journalist. Er kaufte ein Dreipfundbrot und stellte sich damit an belebte Straßenecken verschiedener Städte. Die Vorübergehenden forderte er auf, für dieses Brot eine Stunde zu arbeiten. Seine Ergebnisse: in Hamburg wurde er ausgelacht, in New York von der Polizei festgenommen; in Nigeria (Afrika) waren mehrere Personen bereit, für dieses Brot drei Stunden zu arbeiten. Im indischen Neu-Delhi hatten sich rasch mehrere hundert Personen angesammelt, die alle für dieses Brot einen ganzen Tag arbeiten wollten . . .

(aus »bleib gesund«, Zeitschrift der AOK, Wuppertal)

Das ist mehr als eine bloße Nachricht, das ist Story zugleich. Was in dem Zeitungsbericht über die bloße Nachricht hinausgeht, die Mitteilung nämlich, wie es dem englischen Jouralisten auf seiner internationalen Test-Tour ergangen ist, ließe sich mit Phantasie und literarischem Geschick weiter ausbauen, vielleicht zu einer Kurzgeschichte, einer Reportage, einem Hörspiel oder einer Szenenfolge. Nicht selten haben unscheinbare Zeitungsnachrichten den Anstoß für bedeutende Werke der Literatur geliefert. Nur eine von vielen Möglichkeiten soll hier skizziert werden: wie

Nachrichten in andere literarische Formen übersetzt und besser wahrnehmbar gemacht werden können.

In diesem Fall ist so verfahren worden: Der Herausgeber dieses Buches hat den Zeitungsausschnitt »Für ein Brot« an verschiedene Autoren gegeben mit der Bitte, den vorgelegten Text in einen Lied-Text umzuarbeiten. Das Ergebnis wird hier zum erstenmal veröffentlicht. Die Rechte liegen bei den Autoren, deren Adressen mit abgedruckt werden. Falls der eine oder andere Komponist den einen oder anderen Text interessant findet, kann er sich an die Verfasser wenden und um die Erlaubnis zur Vertonung bitten.

Ein Vergleich der nachstehend abgedruckten Lied-Texte zeigt die unterschiedliche Machart. Aber nicht nur die Texte selbst, sondern auch der Textvergleich soll die produktive Phantasie des Lesers wecken. Die Möglichkeit auch anders zu variieren und zu kombinieren wird dann wie von selbst einleuchten. Vielleicht macht der hier angebotene Text-Vergleich manch einem allzu schüchternen Dichter Mut, selbst nach ergiebigen Nachrichten zu suchen und das, was sie zu melden haben, in neuer Form und Weise auszudrücken.

Nicht von Brot allein

Ich bin in Hamburg in einer Straße,
und ich halte für einen Menschen ein Brot bereit.
Hört her, wer will, kriegt das Brot, das ist keine Phrase,
für eine Stunde Arbeit. Kommt her, wenn ihr hungrig seid.

Und die Menschen fragen, was das soll,
lachen, schütteln die Köpfe: so dumm müßten wir sein.
Ihre Einkaufstaschen sind bis oben voll.
Hier arbeitet niemand für ein Brot allein.
ABER WOVON LEBT DER MENSCH
WENN ER NICHTS ZU ESSEN HAT?

Ich bin in New-York-City in einer Straße,
und ich halte für einen Menschen ein Brot bereit.
Hört her, wer will, kriegt das Brot, das ist keine Phrase,
für eine Stunde Arbeit. Kommt her, wenn ihr hungrig seid.

Und die Menschen, sie hasten vorbei.
Einer ruft: kann es für uns nicht was Besseres sein?
Da kommt schon und verhört mich die Polizei:
der ist verrückt, den lochen wir ein.
ABER WOVON LEBT DER MENSCH
WENN ER NICHTS ZU ESSEN HAT?

Ich bin in Lagos in einer Straße,
und ich halte für einen Menschen ein Brot bereit.
Hört her, wer will, kriegt das Brot, das ist keine Phrase,
für eine Stunde Arbeit. Kommt her, wenn ihr hungrig seid.

Und es bleiben bald zehn Menschen stehn,
wollen fürs Brot drei Stunden an der Arbeit sein.
Ich teile das Brot, den Hunger müßtet Ihr sehn.
Ja, der Mensch lebt nicht von Brot allein.
ABER WOVON LEBT DER MENSCH
WENN ER NICHTS ZU ESSEN HAT?

Ich bin in Neu-Delhi in einer Straße,
und ich halte für einen Menschen ein Brot bereit.
Hört her, wer will, kriegt das Brot, das ist keine Phrase,
für eine Stunde Arbeit. Kommt her, wenn ihr hungrig seid.

Und es kommen hundert Menschen auf einen Schlag,
es werden fünfhundert, und ich bin mit dem Brot allein,
für das sie arbeiten wollen den ganzen Tag.
Ja, der Mensch lebt nicht von Brot allein.
ABER WOVON LEBT DER MENSCH
WENN ER NICHTS ZU ESSEN HAT?

Landfried Schröpfer
69 Heidelberg
Friedrichstraße 11

Die Dreipfünder-Moritat

Leute, dies ist keine Ente;
hört, wie man in aller Welt
kürzlich ein Experimente
aufschlußreich hat angestellt.
Hiervon gebe ich Bericht
und erklär ihn weiter nicht.
Jeder mag sich dabei denken,
was er selber will und kann,
oder mag es sich auch schenken.
Hört nun die Geschichte an:

Hier ist Hamburg, eine Stadt
an der Elbe nah der See,
die den größten Hafen hat
in der ganzen BRD.
Volkbelebt ist dieser Ort,
viele Leute wohnen dort.
An der Alster einer stand,
der – er war wohl nicht recht klug –
ein Dreipfundbrot in der Hand
und ein Schild am Hutband trug:
Dieses Brot ist tauschbereit
für ein Stündchen Arbeitszeit. –
Einen Blick riskierten nur
manche im Vorübergehn;
diese komische Figur
lacht man aus und läßt sie stehn.

Hier New York in USA,
wo man Wolkenkratzer hat,
und die Freiheitsstatua
wirkt dagegen ziemlich platt.
Volkbelebt ist dieser Ort,
viele Leute wohnen dort.
Auf dem Broadway einer stand,
der – welch ein verrückter Zug –

ein Dreipfundbrot in der Hand
und ein Sandwich-Poster trug:
Dieses Brot ist tauschbereit
für ein Stündchen Arbeitszeit. –
Frei ist hier das offne Wort,
jeder Bürger ist hier frei;
lange stand der Mann nicht dort,
denn dann kam die Polizei.

Hier ist nun Nigeria,
was, wie ihr vermutlich wißt,
tief im dunklen Afrika
eins der neuen Länder ist.
Volkbelebt ist dieser Ort,
viele Leute wohnen dort.
Unter Palmen einer stand,
der die große Trommel schlug,
ein Dreipfundbrot in der Hand,
und die schwarze Menge frug:
Dieses Brot ist tauschbereit,
wer gibt dafür Arbeitszeit? –
Da kam manches Angebot
und erstaunte unsern Mann,
denn für solch ein schönes Brot
legt man gern drei Stunden an.

Hier Neu-Delhi, ziemlich heiß,
doch zum Schweiß des Angesichts
hat nicht jeder Inder Reis,
denn mit Arbeit ist es nichts.
Volkbelebt ist dieser Ort,
viele Leute wohnen dort.
Vor dem Tempel einer stand
auf den Stufen, und er trug
ein Dreipfundbrot in der Hand
und erklärte laut genug:
Dieses Brot ist tauschbereit,
wer gibt dafür Arbeitszeit? –
Wie da gleich die Menge schrie
und sich in den Haaren lag:
hundertweise boten sie
einen vollen Arbeitstag.

Leute, dies ist keine Ente;
Lohn und Brot und Arbeitszeit
sind gewisse Elemente
weltweiter Gerechtigkeit.
Davon gab ich euch Bericht
und erklär ihn weiter nicht.
Lerne jeder, mitzudenken,
wie er hier das Rechte tut:
Helfen fordert mehr als schenken –
Brot allein tut selten gut.

Gerhard Valentin
4 Düsseldorf-Kaiserswerth
Arnheimer Straße 100

Drei Pfund Brot
oder Was die Testreise eines Journalisten ergab ...

Ein Spiel-Lied

Berlin:

Uff'n Ku'damm
an de Ecke,
unterm Arm een
Dreipfundbrot,
steh ick rum und
wart' uff Leute,
hab 'n duftet Angebot.

Verschiedene Stimmen:
Kiek mal den Ollen
mit den Brot untern Arm!
Der wart' woll, des 'n eina
die Wurscht dazu bringt?
(Gelächter)
Kanna lange warten, wa?
Na Opa, wat hast du denn hier valorn?

Ach, verloren
hab ick janischt,
ick frag bloß mal
bei euch an,
ob mir eener
für'n Dreipfundbrot
ne Stunde Arbeet
leisten kann?

Verschiedene Stimmen:
Der spinnt!
(Gelächter)
Na haste sowat schon jesehn?
Die Norm is acht Mark fuffzig
die Stunde!
Mann, laß det nich die
Jewerkschaft hörn!
(Gelächter)

(Zwischenmusik)

New York:

Na denn nich! Ick
reise weiter, hin
wo schlägt der
Puls der Welt,
in New York, gleich
Ecke Wallstreet
hab ick mir nu
uffjestellt.

Verschiedene Stimmen:
Was will denn der Mann da!
Mit dem Brot da!
Ein Brot für eine Stunde Arbeit!
Merkwürdig –
Verdächtig –
Man sollte die Polizei
verständigen –

Und da kommt schon
die Polente,
schiebt mich in den
Wagen rein:
»Sie erregen
hier bloß Aufsehn
und das darf bei
uns nicht sein.«

Verschiedene Stimmen:
Ein Glück, daß der fort ist –
Schnapsidee –
Rauschgift vielleicht –
bestimmt ein Politischer –
ein Verrückter –
schauderhaft –

(Zwischenmusik)

Afrika:

An Erfahrung
langsam reicher,
reise ich nach
Afrika,
möchte sehn, was
hier ein Brot wert.
Hört gut zu, was
nun geschah.

Verschiedene Stimmen:
(allgemeines Palaver, langsam deutlicher werdend einzelne Stimmen:)
Eine Stunde für ein ganzes Brot?
Drei Stunden, Mister!
Ja, bestimmt, drei Stunden!
Die Maschine, Mister,
die verdammte Maschine aus Europa,
die spuckt Plastik-Schuhe aus
für alle Leute im ganzen Land,
massenhaft Plastik-Schuhe . . .
Meine Werkstatt kaputt –
alle Werkstatt kaputt – –
wir machen Bast-Schuhe, Mister,
wir machen Leder-Sandalen –
alles kaputt . . .
Für ein Brot, Mister,
arbeite ich gern drei Stunden.

Junge, und da
dacht' ich immer,
Industrie hilft
Dritter Welt.
Und ich sehe:
Mensch, das stimmt nicht,
hier ramscht einer
nur das Geld.

(Zwischenmusik)

Indien:

Großer Tempel-
platz in Delhi,
Räucherstäbchen,
Buddha-Thron,
wieder steh ich
an der Ecke,
biete an das
Brot zum Lohn.

Verschiedene Stimmen:
(Text im Kanon gesprochen,
allmählich rhythmisch sprechen,
langsam lauter werden:)
Ich, ich, nein ich, Herr –
drei Stunden, fünf Stunden,
einen ganzen Tag, Herr –
einen ganzen Tag für ein
ganzes Brot!
Einen ganzen Tag für ein
ganzes Brot!
(eine Stimme, schreiend, über die
anderen Stimmen gesetzt:)
Her mit dem Brot!!
(scharf abbrechen, kurze Stille)

Und ich geb das
Schreien weiter,
schrei die ganze
Welt zuhauf:
Leute, es brennt!
Ihr müßt löschen!
Leute, hört zu
träumen auf.

Herta Frenzel
56 Wuppertal 2
Wettiner Straße 24, II.

nicht vom brot allein
15. DEUTSCHER
VOM 27. JUNI

Vom Bibeltext zur öffentlichen Rede

Dietrich Bonhoeffer hat einmal gesagt, die Bibel sei ein Antwortbuch, es käme darauf an, sie ehrlich zu fragen. Dieser Satz ist nicht schriftlich so überliefert worden, einige seiner ehemaligen Schüler haben ihn im Gedächtnis behalten und weitergesagt. Es handelt sich um einen mündlich überlieferten Erfahrungssatz, freilich nicht um einen harmlosen (wäre er harmloser, wäre er wahrscheinlich vergessen worden):
Mit diesem Satz wird zunächst eine klotzige Behauptung aufgestellt, und dann wird der Hörer angestachelt, den Beweis für die Richtigkeit der Behauptung selbst zu erbringen. Er soll die Bibel nicht nur »fragen«, sondern »ehrlich fragen«. Demnach könnte der Fragende selbst schuld sein, wenn die Bibel nicht antwortet. Es läge an ihm, ob die Bibel ein Antwortbuch ist.
Man könnte diese Dialektik auf sich beruhen lassen, aber die Verhältnisse sind nicht so. Wir brauchen Antworten wie täglich Brot. Man kann nicht nur mit Fragen leben. Ganz ohne Antwort kommt auf die Dauer niemand aus. Das ist die Lage, in der es ein Glücksfall zu sein scheint, ein gut funktionierendes Antwortbuch zu besitzen. Frage rein, Antwort raus. – Geht aber nicht. Solch Glück ist keinem Bibel-Besitzer hold, nicht einmal dem, der zehn Bibeln im Schrank stehen hat, jede in einer anderen Übersetzung. Die Bibel ist kein Automat. Selbst rütteln und schütteln fruchtet nichts. Auch mit dem großen Schraubenzieher ist nichts zu machen. Bloßer Besitz und mechanischer Gebrauch ergeben noch keine Antwort.
Doch auch die traditionellen Gottesdienste samt Liturgie und Kirchenordnung sind noch keine Antwort, wenn sie wie ein Besitzstand gepflegt und gleichsam mechanisch ausgeübt werden. Wenn rings um die Bibel kein Raum bleibt oder entsteht, wo Menschen sich versammeln, die ehrlich fragen und an wirklicher Antwort interessiert sind, kann die Frohe Botschaft niemanden wirklich froh machen. Der Geist weht, wo er will. Und die Erfahrung lehrt, daß er sich durch Menschen, die sich überwinden, ganz persönliche, ehrliche Fragen zu stellen, geradezu eingeladen fühlt, näherzukommen. Er läßt sich nicht herbeizitieren, am wenigsten durch faustkeilartiges Schwingen der Bibel, solange die eigensüchtige Überzeugung mitschwingt, das Wort Gottes fest im Griff zu haben.
Nach menschlichem Ermessen bieten thematisch bestimmte Gottesdienste, die ein vielfältiges Fragen einschließen und zum Ausdruck bringen, gute Möglichkeiten, auf Antworten zu hören, die bisher unerhört waren (oder als solche galten).

Die *Beatmesse* »Liebe ist nicht nur ein Wort / konkret: Jugendkriminalität«, die am 30. Juni 1973 im Rahmen des Düsseldorfer Kirchentags stattfand, könnte zumindest in einer Hinsicht als Beispiel dienen: In bezug auf die Bündelung und Zuspitzung verschiedener Fragen, die aus konkreten Problemen der Jugendkriminalität erwachsen waren. Aber auch in bezug auf das Heraushören biblischer Antwort. Vor dem Hintergrund der Lukas-Erzählung von der Heilung des besessenen Geraseners wird durch die scheinbar saloppe Frage »Wußten Sie schon, daß die Nähe eines Menschen gesund machen kann?« sowohl zum eigenen Fragen als auch zum fragenden Zuhören animiert. Die Geschichte hilft, die Fragen genauer zu stellen. Zwischen fragen und zuhören dämmert die Einsicht, daß man sich mehr als nur die Hände wird schmutzig machen müssen, um die krankmachende Distanz zwischen Menschen zu durchbrechen. Auf halbem Wege wird klar, daß dies nicht nur für konkrete Fälle von Jugendkriminalität, sondern auch für die Heilung des Besessenen gilt. Jedes theologische oder ästhetische Mutmaßen, was heilig sei und was profan, verblaßt zur müßigen Spekulation, sobald die Situation erfaßt wird, in der nicht irgend jemand, sondern der Fragende und der Hörende selbst wahrzumachen hätte, daß Liebe mehr ist als nur ein Wort.
Die beiden folgenden Texte sind aus dem Zusammenhang gerissen, aus dem Zusammenhang der Kirchentags-*Beatmesse* zum Thema Jugendkriminalität. Dennoch belegen sie, wie die Bibel gefragt wurde »Wie können wir krankmachende Distanz zwischen Menschen überwinden?« Antwort: Durch die Nähe eines Menschen. Das klingt dermaßen simpel, daß solche Antwort der Auslegung und der Erläuterung bedarf, zum Beispiel anhand einer biblischen Geschichte und ihrer Auslegung. Nicht als mechanische theologische Routineübung, sondern als Verstehenshilfe für eine Antwort auf konkrete Fragen. Als Hilfe für Hörer, um Täter des Wortes Liebe zu werden.

Die Heilung des besessenen Geraseners

Lukas 8, 26–39

Und sie fuhren weiter in die Gegend der Gerasener, welche ist Galiläa gegenüber. Und als er ans Land trat, begegnete ihm ein Mann aus der Stadt, der hatte böse Geister und tat von langer Zeit her keine Kleider an und blieb in keinem Hause, sondern in den Grabhöhlen. Da er aber Jesus sah, schrie er auf und fiel vor ihm nieder und rief laut und sprach: Was willst du von mir, Jesus, du Sohn Gottes, des Allerhöchsten? Ich bitte dich, du wollest mich nicht quälen. Denn er gebot dem unsaubern Geist, daß er von dem Menschen ausführe. Denn er hatte ihn lange Zeit geplagt, und er ward mit Ketten und Fesseln gebunden und gefangen gehalten und zerriß seine Bande und ward getrieben von dem bösen Geist in die Einöde. Und Jesus fragte ihn und sprach: Wie heißest du? Er sprach: Legion. Denn es waren viele böse Geister in ihn gefahren. Und sie baten ihn, daß er sie nicht hieße in die Hölle fahren. Es war aber daselbst eine große Herde Säue auf der Weide an dem Berge. Und sie baten ihn, daß er ihnen erlaubte, in sie zu fahren. Und er erlaubte es ihnen. Da fuhren die bösen Geister aus von dem Menschen und fuhren in die Säue; und die Herde stürzte sich von dem Abhang in den See und ersoff. Da aber die Hirten sahen, was da geschah, flohen sie und verkündeten's in der Stadt und in den Dörfern. Da gingen sie hinaus, zu sehen, was da geschehen war, und kamen zu Jesus und fanden den Menschen, von welchem die bösen Geister ausgefahren waren, sitzend zu den Füßen Jesu, bekleidet und vernünftig, und erschraken. Und die es gesehen hatten, verkündeten's ihnen, wie der Besessene war gesund geworden. Und es bat ihn die ganze Menge aus dem umliegenden Lande der Gerasener, daß er von ihnen ginge; denn es war sie eine große Furcht angekommen. Und er trat in das Schiff und wandte wieder um. Es bat ihn aber der Mann, von dem die bösen Geister ausgefahren waren, daß er bei ihm sein dürfte. Aber Jesus ließ ihn von sich und sprach: Gehe wieder heim und sage, wie große Dinge dir Gott getan hat. Und er ging hin und verkündigte durch die ganze Stadt, wie große Dinge ihm Jesus getan hatte.

Wilhelm Willms: Wußten Sie schon, daß die Nähe eines Menschen gesund machen kann?

Auslegung von Lukas 8, 26 ff.

wußten sie schon
daß die nähe eines menschen
gesund machen
krank machen
tot und lebendig machen kann
wußten sie schon
daß die nähe eines menschen
gut machen
böse machen
traurig und froh machen kann
wußten sie schon
daß das wegbleiben eines menschen
sterben lassen kann
daß das kommen eines menschen
wieder leben läßt
wußten sie schon
daß die stimme eines menschen
einen anderen menschen wieder aufhorchen läßt
der für alles taub war
wußten sie schon
daß das wort oder das tun eines menschen
wieder sehend machen kann
einen
der für alles blind war
der nichts mehr sah
der keinen sinn mehr sah in dieser welt
und in seinem leben
wußten sie schon
daß das zeithaben für einen menschen
mehr ist als geld
mehr als medikamente
unter umständen mehr
als eine geniale operation
wußten sie schon
daß das anhören eines menschen
wunder wirkt

daß das wohlwollen zinsen trägt
daß ein vorschuß an vertrauen
hundertfach auf uns zurückkommt
wußten sie schon
daß tun mehr ist als reden
wußten sie das alles schon

als jesus
den tauben heilte
da ist er mit dem finger in dessen ohren gegangen
er blieb nicht auf distanz
jesus ist ganz dicht an den tauben herangetreten
und hat gesagt:
komm, laß mich mal an deine ohren heran
und dann hat jesus mit dem finger in seinen ohren gebohrt
die waren nämlich total verstopft
jesus hat den gehörgang des tauben frei gemacht
von floskeln
von lügen
von allgemeinplätzen
von vorurteilen
ganz tief drinnen
steckten religiöse sprüche
direkt auf dem trommelfell
und das war das schlimmste
sie saßen ganz tief drinnen
das alles hatte den mann taub gemacht
er konnte durch diesen ganzen wust
nicht mehr richtig hindurchhören
jesus hat das geschafft
indem er ganz nahe an den mann heranging
und nicht bloß distanziert belehrungen und ermahnungen erteilte
von oben herab
als seelsorger
von amtswegen

als jesus
den blinden heilte
da ist er ganz nahe an den blinden herangegangen
und dann hat jesus ihn angeschaut
und dann hat er ihm *eine* brille
nach der anderen

von den augen genommen
eine falsche brille nach der anderen:
die milieubrille
die parteibrille
die kirchliche brille
die brille mit *diesem* vorurteil
die brille mit *jenem* vorurteil
und danach mußte jesus noch näher herantreten
und dem blinden noch ein paar richtige häute
von den augen ziehen
denn manches vorurteil
war schon an den augäpfeln festgewachsen
und dann
hat jesus den mann wieder angeschaut
ganz tief
bis auf den grund
und dann brach ein quell hervor
aus den augen des mannes
er weinte
das war seine rettung
seine letzte rettung
und dieser quell
der aus seinen augen hervorbrach
spülte den letzten dreck aus seinen augen:
den stolz und das nichtsehenwollen
was ja bekanntlich
das sehen am meisten behindert
und der blinde erkannte in jesus
einen menschen
einen wirklichen menschen
der sehen kann
ganz tief sehen
und vor allem auch
übersehen
und einsehen
und dann
konnte der blinde mann wieder sehen
als er einen menschen gesehen hatte
der sehen konnte
der ihn richtig sehen konnte

als jesus
den stummen heilte
ja . . . was da?!
da ist er ganz nahe herangegangen
an diesen stummen menschen
hat ihn umarmt
hat sich nicht distanziert verhalten
ist nicht wie ein psychotherapeuth
nicht wie ein medizinmann
nicht wie ein seelsorger
mit vollmacht vom amt aufgetreten
wie ein mensch
ist er ganz nahe herangegangen
und hat mit dem finger
speichel aus seinem mund genommen
und den speichel
dem stummen auf die zunge gestrichen
ganz konkret
furchtbar konkret
bah . . . speichel!
wo bleibt da die hygiene
das gesundheitsamt muß einschreiten
aber
was ist bei verliebten »bah . . .«
und diese ungeheure menschliche nähe
diese nicht gespielte zuneigung
löste und erlöste den stummen
das ist erlösung??
wenn einer *so* kommt – –
da tat der stumme seinen mund auf.
das alles vorher war vielleicht wortlos zugegangen
wie liebesspiele wortlos vor sich gehen
und jetzt spricht auch jesus mit ihm
dem nicht mehr stummen
und sie verstehen sich.
und von da an
wagte der stumme
wieder mit menschen zu sprechen
weil er *einem* menschen begegnet war
denn
sprechen ist ein wagnis
wenn es nicht bloßes plappern sein soll

nichtssagendes plappern
wirkliches sprechen
ist ein wagnis
dieser stumme
wagte wieder den mund aufzutun
weil er einen menschen gegenüber hatte
dem er sich öffnen konnte
ohne gedemütigt zu werden
deshalb wagte er wieder den mund aufzutun

als jesus nach gerasa ging
um einen verlorenen
einen isolierten
einen ausgestoßenen
einen verbrecher
wieder menschlich zu machen –
denn ein mensch ohne den menschen
ist das gespenst eines menschen
als jesus also
diesen mann von gerasa
der da in grabeshöhlen
im isolationszentrum
dahinvegetierte
als jesus diesen mann befreien wollte
da ging er ganz nahe an ihn heran –
so nahe
war seit langem keiner mehr
an diesen menschen herangekommen
wer geht schon auf sowas untermenschliches zu
als jesus
der mensch
auf diesen mann zuging
da schrie der mann
er schrie
geh weg
ich will nicht
und vielleicht hat er jesus bedroht
er fürchtete die güte
wie feuer wasser fürchtet
der mann von gerasa wollte nicht.
verstehen sie das?
wir müßten es eigentlich verstehen

denn sind wir nicht alle so kriminell
wenn die güte selbst auf uns zukommt
wir verschließen uns in unserer bosheit.
kennen sie diesen kampf nicht:
das wollen und doch nicht wollen.
und jesus fragt:
wie heißt du
da schreit der mann: legion
brauchst gar nicht anzubändeln mit mir
ich habe ein ganzes heer böser geister in mir
und jesus geht ganz nahe an ihn heran
so nahe
daß die distanz aufgehoben wird
und so
wie wenn ein flugzeug
die schallmauer durchbricht
es knallt
der mann von gerasa wälzt sich am boden
und
ist gerettet
gerettet
wie in einer ungeheuren explosion
weil jesus
die distanz durchbrochen hat
jesus ist ohne zu verletzen
mit diesem mann identisch
und weil er ganz an seine stelle getreten ist
ganz in seine verlorenheit eingegangen ist
deshalb ist jesus fähig
diesen mann aus seiner hölle zu befreien
auch hier ist jesus abgestiegen zur hölle
hat sein leben eingesetzt
dieser mann hätte ihn auch totschlagen können
jetzt ist er geheilt
weil einer kam
bis an die stelle
seiner innersten verlorensten existenz
dahin bis zu diesem zeitpunkt
keiner zu gehen wagte
jesus setzte alles ein
sein leben
und was tut er noch

wie lukas unheimlich einsichtig
und fast mit unseren heutigen augen sieht und berichtet:
er läßt die legion böser geister
in eine schweineherde fahren
die rast den abhang hinab
stürzt in den see
und ersäuft

was soll das heißen

jesus läßt den ganzen reichtum
das ganze wirtschaftssystem einer landschaft
ins wasser plumpsen
um eines einzigen menschen willen
er weiß
daß wir es uns etwas kosten lassen müssen
um einen einzigen menschen zu resozialisieren
er weiß auch
daß ein wirtschaftssystem asozial sein kann
und schuld sein kann
daß ein mensch so endet
daß ein wirtschaftssystem
so etwas hervorbringen kann
und heilung verhindern kann
und die frage taucht für uns auf
wer ist hier kriminell
dieser eine mann da
oder
eine ganze landschaft mit ihrem wirtschaftssystem
es ist nicht schwer
dies auf unser land zu übertragen
wir wissen heute mehr denn je
daß der mensch nicht vom brot allein lebt

und noch etwas
als die hirten
die arbeitnehmerhirten
in die stadt gelaufen sind
zu ihren hirtenherren
um von der katastrophe zu berichten
das glück, von dem zu berichten gewesen wäre,
daß ein mensch wieder mensch wurde

erwähnen sie mit keiner silbe
auch die arbeitnehmer kapieren da nicht
um was es geht
die kapieren auch nur
wenn es um löhne geht –
als die arbeitnehmerhirten
ihren reichen hirtenherren
und großgrundbesitzern
die in der stadt ihren bungalow haben
von der schweinekatastrophe berichten
kommen die im mercedes herausgefahren
und sehen da den rundumbekannten schwerverbrecher
zu füßen jesu sitzen
sie trauen ihren wirtschaftswunderaugen nicht
das ist ihnen nicht geheuer
dieser jesus
dessen religion sie noch immer hoch und heilig gehalten haben
läßt sich mit so was ein
wer hätte das gedacht
und sie sagen
jesus meister
nun geh doch bitte
laß den kerl doch
kapierst du denn nicht
da wird nichts draus
siehst du denn nicht
du bringst uns unser ganzes wirtschaftssystem durcheinander
unsere ganze schweinerei ist im eimer
geh mit deinem segen.
so deutlich haben sie das nicht gesagt
viel raffinierter
sie haben versucht
ihm ein gehalt anzubieten
einen posten im konzern
mitspracherecht
als jesus ihnen sagt:
aber ein mensch!
ist das nichts?!
da sagen sie:
nun was solls
die wirtschaft muß doch weitergehn.
sie wollten nicht verstehn.

und als es mit teuflischer höflichkeit
und mit bestechungsgeldern bei jesus gar nicht klappte
da zischten sie ab
gar nicht mehr höflich
und wir wissen
es hat auch geklappt
wie ihre methoden immer klappen

jesus mußte verschwinden
mit seinem segen
und er ist auch verschwunden
und bis heute
hat man ihn offiziell nicht wieder auferstehen lassen
und seine aktion ist überhaupt nicht gefragt
im gegenteil
jesu aktion ist gesetzwidrig
ist kriminell
und man sagt unumwunden
wir brauchen ein gewisses quantum böser geister
daß alles klappt
ohne die klappt es einfach nicht
gehts nicht rund
laßt uns mit eurem jesus in ruh
religion muß ja sein
aber der
der versteht nichts von wirtschaft
das ist ein utopist

ob kirche
gemeinde jesu
kapiert hat
was ihr zugefallen ist
nachdem dieser jesus
bis aufs blut
eintrat für den mann von gerasa
für den und seinesgleichen
es ist die frage
hat die gemeinde jesu
wirklich begriffen
was sie alles ins wasser fallen lassen muß
um die insel des erbarmens zu werden
in einer welt ohne erbarmen

ist der gemeinde jesu
die sich als der fortlebende jesus christus ausgibt
ist sie sich darüber klar
wie sehr sie
die distanz aufheben muß
wie sehr sie
eine totalidentifikation
eingehen muß
eine totalidentifikation
mit denen
von denen der heutige gottesdienst spricht
das müßten wir heute proklamieren:

die kirche ist eine bedingungslose oase des erbarmens
und sie scheut sich nicht,
es laut zu sagen,
daß sie kriminell ist
mit den kriminellen.

Was haben Sie sich vorgenommen?

(Zum Beispiel für die Zeit vom 11. bis zum 15. Juni 1975)

Die Einladung nach Frankfurt

16. Deutscher Evangelischer Kirchentag Frankfurt 1975

Losung: In Ängsten – und siehe wir leben

Einladung

»In Ängsten – und siehe wir leben« heißt die Losung für den 16. Deutschen Evangelischen Kirchentag in Frankfurt am Main. Bitte notieren Sie sich schon heute den Termin: der Kirchentag beginnt am Mittwoch, dem 11. Juni, und endet am Sonntag, dem 15. Juni 1975. Wir laden Sie ein, sich bereits jetzt mit den Themen des Kirchentages zu beschäftigen und damit zu beginnen, sich auf den Kirchentag in Frankfurt vorzubereiten.

Der Frankfurter Kirchentag soll wieder, wie alle früheren Kirchentage, ein Ort der Verkündigung, der Information, der Besinnung, des Gesprächs, des Erfahrungsaustauschs und des Gebets sein. Es wird Großveranstaltungen und Möglichkeiten zur Begegnung und Diskussion in kleineren Gruppen geben. Unsere Einladung nach Frankfurt ergeht an jedermann, der nach dem Sinn des Lebens fragt, der nach Gewißheit im Glauben sucht. Die Einladung richtet sich an Alte und Junge, an Informierte und Uninformierte, an Engagierte und Neugierige, an Christen und Nichtchristen, an alle, denen es nicht gleichgültig ist, wie man trotz und mit Ängsten ein christlich glaubwürdiges und lebenswertes Leben leben kann.

Professor Dr. Kurt Sontheimer, Präsident
Dr. Hans Hermann Walz, Generalsekretär
Deutscher Evangelischer Kirchentag, 64 Fulda, Magdeburger Straße 59, Telefon (06 61) 7 10 71

Themenbereiche

1. In Ängsten – und siehe wir leben:
   Der Mensch zwischen Selbstbehauptung und Hingabe

2. In Ängsten – und siehe wir leben:
   Menschen zwischen Sicherheit und Freiheit

3. In Ängsten – und siehe wir leben:
   Menschen zwischen Macht und Ohnmacht

4. In Ängsten – und siehe wir leben:
   Die Menschheit zwischen Bewahrung und Veränderung

Landesausschüsse des Deutschen Evangelischen Kirchentages

Baden
6800 Mannheim 1, M 1, 2
Postfach 656
Telefon (0621) 24912/13

Bayern
8500 Nürnberg
Egidienplatz 33
Telefon (0911) 203774/75

Berlin
1000 Berlin 44
Lenaustraße 4
Telefon (030) 6934381

Braunschweig
3340 Wolfenbüttel
Leibnizstraße 12
Telefon (05331) 4700 u. 26131

Bremen
2800 Bremen 1
Franziuseck 2–4
Telefon (0421) 5097 u. 211

Eutin
2420 Eutin
Schloßstraße 13
Telefon (04521) 2031

Hamburg
2000 Hamburg 13
Feldbrunnenstraße 29
Telefon (040) 455868/69

Hannover
3000 Hannover
Am Markte 2
Telefon (0511) 14079

Hessen-Nassau
6000 Frankfurt am Main 90
Ederstraße 12
Telefon (0611) 770631

Kurhessen-Waldeck
3500 Kassel
Querallee 50–52
Telefon (0561) 70036

Lippe
4930 Detmold
Leopoldstraße 10
Telefon (05231) 23822

Lübeck
2400 Lübeck
Blücherstraße 33
Telefon (0451) 74784

Nord-West
2971 Uttum über Emden
Ev. Pfarramt
Telefon (04923) 7202

Oldenburg
2900 Oldenburg
Huntestraße 14
Telefon (0441) 2221 u. 263

Pfalz
6720 Speyer
Domplatz 5
Telefon (06232) 6081

Rheinland
4000 Düsseldorf
Lenaustraße 41
Telefon (0211) 631071

Saar
6600 Saarbrücken
Lessingstraße 1
Telefon (0681) 63048

Schleswig-Holstein
2000 Hamburg 67
Rockenhof 1
Telefon (040) 6038051

Westfalen
5810 Witten/Ruhr
Röhrchenstraße 10
Telefon (02302) 1632

Württemberg
7000 Stuttgart
Gymnasiumstraße 36
Telefon (0711) 299781

Der Evangelischen Kirche in Hessen und Nassau liegt sehr daran, schon in der Vorbereitungszeit die Verbindung zwischen den hessischen und den außerhessischen Gemeinden und Gruppen herzustellen. Der Frankfurter Kirchentag soll nicht nur ein fünftägiges Ereignis, sondern ein längeranhaltendes Kommunikationsangebot sein. Davon erhoffen wir alle uns wechselseitige Anregungen für die Gemeinden und den Kirchentag selbst. Alle Gemeinden, auch im ökumenischen Rahmen, haben die Möglichkeit, direkten Kontakt mit gleichen oder verschiedenartigen Gruppen und Gemeinden im Raum Frankfurt aufzunehmen. Anfragen richten Sie bitte direkt an die Geschäftsstelle des Regionalen Vorbereitungsausschusses Kirchentag 1975, 61 Darmstadt, Paulusplatz 1, Postfach 669, Telefon (06151) 4051.

Kirchentag auf einen Blick

Frankfurt:	Mittwoch 11. 6. 1975	Donnerstag 12. 6. 1975	Freitag 13. 6. 1975	Samstag 14. 6. 1975	Sonntag 15. 6. 1975
8.30 Uhr		Morgengebet	Morgengebet	Morgengebet	
9.00 bis 12.00 Uhr		**Zentraler Beginn:** Biblisch-theologische Grundlegung und thematischer Aufriß	**Markt der Möglichkeiten:** Gesprächsgruppen, Fallstudien, Ladenstraße	**Bibelarbeiten** Sacharbeit in **vier Arbeitsgruppen**	Schlußveranstaltung
15.00 bis 18.00 Uhr		**Markt der Möglichkeiten:** Gesprächsgruppen, Fallstudien, Ladenstraße	**Bibelarbeiten** Zusammenfassung der Gruppenarbeit in **vier Arbeitsgruppen**	Sacharbeit in **vier Arbeitsgruppen**	
18.15 bis 18.45 Uhr		Abendgebet zur Sache	Abendgebet zur Sache	Abendgebet zur Sache	
20.00 Uhr	Eröffnung	Wortverkündigung, Vortragsreihe und andere Abendveranstaltungen	Festlicher Abend	Wortverkündigung, Vortragsreihe und andere Abendveranstaltungen	

Hans Hermann Walz: Forum Kirchentag

Man hat den Kirchentag ein Forum genannt. Man meint damit nicht etwas, was nur für solche da ist, die Fremdwörter verstehen. Mit Gericht und Rechtspflege hat das Wort Forum in der hier verwendeten Bedeutung nichts zu tun. Es heißt einfach Marktplatz und begreift das ein, was auf einem Marktplatz vor sich geht. Es eignet sich für eine Beschreibung des Kirchentages aus drei Gründen. Einmal ist das, was hier geschieht, öffentlich: jedermann hat Einblick oder kann Einblick nehmen, wenn er will, und das, was hier verhandelt wird, auch und gerade wenn es Fragen des Glaubens sind, geht nicht nur einzelne in ihrem Kämmerlein, sondern geht auch alle gemeinsam an. Zweitens wird durch dieses Bild vom Markt deutlich, daß auf einem Kirchentag Meinungen gebildet und Willen formiert werden, daß aber hier keine amtlichen Entscheidungen fallen. Der Meinungs- und Willensbildungsprozeß vollzieht sich im Austausch. Das ist das Dritte. Darum geht es im folgenden vor allem. Zum Markte kommt, wer nicht autark ist, das heißt, wer sich nicht aus Eigenem selbst versorgen kann oder glaubt, es zu können. Wer etwas anzubieten hat, und wem etwas fehlt, der trifft sich auf dem Markt mit anderen, um sich auszutauschen. Dieses Bild kann freilich nur eine Seite des Kirchentages widerspiegeln. Aber es macht verständlich, daß hier grundsätzlich jedermann eingeladen ist, daß es sich nicht um eine Werbeveranstaltung für ein bestimmtes Produkt, für ein Parteiprogramm oder eine Gruppenideologie handelt, sondern um eine Gemeinschaftsveranstaltung für die, die teilnehmen, und daß faktisch nun eben doch nicht einfach alle, sondern bestimmte Arten von Menschen hier angezogen werden, oder besser, daß bestimmte Lebenssituationen und -schicksale sich hier betroffen finden.

In dem zuletzt genannten Zusammenhang wird häufig nach den Zielgruppen des Kirchentages gefragt. Das Wort ist mißverständlich. Es tut so, als sollten hier um eines bestimmten Zieles willen andere ausgeschlossen werden. Darum kann es sich aber beim Kirchentag nicht handeln. Auch sind das, was hier gemeint ist, nur in den selteneren Fällen Gruppen im engeren Sinn. Wenn man beide Einwände beachtet, kann man trotzdem hilfsweise von Zielgruppen eines Kirchentages sprechen. Jedenfalls soll hier die Fragestellung aufgenommen werden: Welche Menschen nehmen vorzugsweise an dem Austausch eines Kirchentages teil und warum? Damit sollen sich für den Leser die Fragen verbinden: Gehöre ich, gehören meine Freunde zu diesen Menschen? Inwiefern? Sind die »Zielgruppen«

dann richtig gekennzeichnet? Welche anderen »Zielgruppen« müßte ein künftiger Kirchentag ansprechen?

Da ist zuerst die Gemeinde, auf die der Kirchentag zielt. Aus ihr ist er seit je erwachsen. Wenn er hier seine Wurzeln verlöre, so würde er zu einem Parteitag in der Kirche oder zu einem Liebhaberkongreß von Individualisten. Dennoch ist der Kirchentag nicht eine Tagung von Gemeinden in dem Sinne, daß hier die bestehenden Kirchengemeinden landauf, landab als solche durch einen Vertreter, etwa einen Pfarrer, einen Presbyter oder einen besonders zu diesem Zweck bestimmten Delegierten zusammentreten. Nicht die Gemeinden in ihrer Form als Parochien sind hier vertreten, sondern Menschen, die in der Gemeinde leben. Man kann in der Ortsgemeinde leben, man kann Mitglied eines Presbyteriums oder einer Synode sein, man kann in der Kirchenleitung tätig sein oder man kann seine Kraft und seine Zeit hauptamtlich oder ehrenamtlich einem kirchlichen Werk oder Verband widmen. Das sind nur Beispiele. Mit Gemeinde sind hier jedenfalls alle die gemeint, die in und zwischen den kirchlich gegebenen Strukturen tätig sind. Sie wären dort nicht engagiert, wenn es ihnen nicht zugleich um Erneuerung der Kirche zu tun wäre. Also halten sie Ausschau nach mehr Lebendigkeit, nach tieferem Glaubensverständnis, nach einer innigeren Gemeinschaft, nach aktiverem Dienst. Sie beten um den Heiligen Geist und sind bereit, sich ihm zu öffnen.

Anders geartet sind die Initiativgruppen. Sie bilden meist, wenn auch oft nur auf Zeit, ziemlich geschlossene Einheiten bis hin zu festen Lebensgemeinschaften. Es geht ihnen um Veränderung in der Kirche und mehr noch in der Gesellschaft, auch wenn sie dies zunehmend durch den Prozeß der Selbsterfahrung hindurch zu erreichen suchen. Sie lehnen »das Ganze« als zu unverbindlich ab, neigen aber auch dazu, ein Besonderes, was für die einzelnen Gruppen ganz verschieden sein kann, zu verabsolutieren. Dabei ignorieren sie mehr oder weniger bewußt die hergebrachten kirchlichen und erst recht die konfessionellen Grenzen, auch die damit vielfach verbundenen Anschauungen von dem, was rechter Glaube und gute Sitte sei. Sie reden selten vom Heiligen Geist, eher von Kreativität und Phantasie und Revolution. Sie stehen in unserer heutigen gesamtgesellschaftlichen und damit auch gesamtkirchlichen Lage an der Stelle, an der in der Geschichte der Kirche immer wieder die besonders so genannten »Brüder«, die Neuerer, die »Schwärmer«, die Unangepaßten standen, die man nur zum Schaden des Lebens, des Glaubens und des Dienstes der Kirche als Ketzer und Sekten abgedrängt hat. Die gewiß notwendige Auseinandersetzung im einzelnen wird nur bei grundsätzlicher Annahme für alle Teile fruchtbar. Zu beidem, zur Annahme wie zu der dann sinnvollen Auseinandersetzung, muß heute ein Kirchentag seinen spezifischen Beitrag leisten.

Nicht zu vergessen sind schließlich die vielen einzelnen. Sie bilden in keinem Sinn eine Gruppe und doch haben sie einige gemeinsame Merkmale. Sie stehen dem innerkirchlichen Betrieb meist fern und sind in keiner Kommunität zu Hause. Sie wollen sich nichts vormachen lassen und haben es doch schwer, ihren Anspruch auf ein eigenes Urteil zu erfüllen. Sie sind nicht immer einsam, sondern manchmal auch recht gesellig; aber auch da sind sie, aus bewußt gehaltener Distanz oder von ihrem eigenen Lebensgesetz gezwungen, allein. Sie suchen den Sinn ihres Lebens und des Daseins überhaupt, aber sie mißtrauen allen, die ihnen erzählen, sie hätten die Wahrheit gefunden oder gar gepachtet. In ihnen vereinigt sich das klassische Ideal der Persönlichkeit mit der romantischen Sehnsucht nach dem Unendlichen. So sind sie die Erben einer großen europäischen Tradition in einer Zeit, in der die Fundamente dieser Tradition ins Wanken geraten. Vielleicht sind gerade sie berufen, in eine neue Zeit Unverlierbares einzubringen. Der Kirchentag ist immer ein Ort gewesen, wo solche Menschen, ohne sich binden zu wollen, verbindlichen Kontakt gewinnen.
Die drei so geschilderten »Zielgruppen« sind, unbeschadet der Übergänge, die es zwischen ihnen gibt, sehr verschieden. Sie haben aber einiges gemeinsam, und das macht es möglich, daß der Kirchentag sie alle betrifft. Sie sind gekennzeichnet durch ihre Offenheit nach vorn. Diese äußert sich bei der »Gemeinde« als Reformwille, bei den Initiativgruppen als Forderung der Systemüberwindung, bei den »vielen einzelnen« als unbestimmbare Sehnsucht. Damit hängt zusammen, daß alle an Widerständen in den gegebenen Verhältnissen leiden: die Kirchlichen an der Vergeblichkeit christlicher Predigt und der Unvollkommenheit christlichen Lebens, die Revolutionäre an der Undurchdringlichkeit des Establishments und die Individualisten an der Macht der Unvernunft. Dazu kommt – vielleicht liegt das überhaupt auf dem Grunde – ein gestörtes Heimatgefühl. Heute nennt man das gerne die Identifikationsproblematik. Die einen leben in der Institution Kirche. Die Institution trägt zwar, aber sie befriedigt nicht. Andere leben in der Gruppe, die zwar befriedigt, aber nicht auf Dauer trägt. Die Dritten gründen im Selbstsein. Aber das Selbstsein braucht, will es lebendig werden, Institution, um sich davon abzustoßen, und Solidarität, um darauf zuzugehen.
Der Markt besteht nicht nur aus Angeboten, sondern ebenso sehr aus Bedürfnissen. Der Kirchentag muß auch die Defizite, die jeder mit sich herumträgt, als Chancen sehen, Chancen des Austausches und damit Chancen der Gemeinschaft. Als christlicher Markt steht der Kirchentag unter dem apostolischen Wort: Christus hat uns angenommen, nehmt auch ihr einander an. Empfangen, geben und nehmen! Wo finden wir uns vor? Was brauchen wir? Was haben wir anzubieten? Und wie steht es mit unserem Nächsten?

Anhang

15. Deutscher Evangelischer

Deutscher Evangelischer Kirchentag Düsseldorf 1973 Dokumente

876 Seiten, Leinen DM 45,–

»Endlich ist der Dokumentarband, in dem alle Reden und Diskussionen aufgenommen sind, erschienen. Was damals in den Tagen in Düsseldorf zusammengeballt in zügiger Folge – oftmals nebeneinander – verhandelt und dargelegt worden ist, liegt nun zum Studium und zur Nacharbeit in einem handlichen Band vor, den man allen, die zur Frage des Kirchentages und zu den Fragen, die dort erörtert wurden, sich Gedanken machen, nur dringend empfehlen kann.«

Der Weg, Bielefeld

Die Texte der jeweiligen Arbeitsgruppe finden Sie auch in den Einzelheften:

Wovon leben die Menschen?

Die Bibelarbeiten vom 15. Deutschen Evangelischen Kirchentag Düsseldorf 1973
Mit Beiträgen von Christoph Bartels, Gerhard Bauer, Edna Brocke, Fritz Harriefeld, Walter Hollenweger, Johann Baptist Metz, Jürgen Moltmann, Alexandros Papaderos, Hans-Ruedi Weber, Hans Walter Wolff, Heinz Zahrnt, Odeh Suardi, Albertos J. Maasdorp.
164 Seiten, kt. DM 9,80

Worauf ist Verlaß?

Vorträge, Ansprachen und Bibelarbeiten vom 15. Deutschen Evangelischen Kirchentag Düsseldorf 1973
Mit Beiträgen aus der Arbeitsgruppe 1 »Glauben« von Manfred Josuttis, Cuno Lehrmann, Jan M. Lochman, Dorothee Sölle, Gerhard Szczseny, Helmut Thielicke, dem Abendvortrag von Ernst Benz und den Ansprachen aus dem Schlußgottesdienst von Gerhard Brandt und Heinz Zahrnt sowie den Bibelarbeiten von Heinz Zahrnt.
126 Seiten, kt. DM 6,80

Fotoverzeichnis:

IV. Kapitel:

Seite 151: »Liturgische Nacht«, Philip Potter singt das Vater unser (Foto Vogler)

Seite 152: Foto-Montage aus »Versammlung im Schalom-Zentrum« und »Podiumsgespräch in der Arbeitsgruppe 1« (Foto Vogler)

Seite 153: Foto-Montage aus »Liturgische Nacht« und »Podiumsgespräch in der Arbeitsgruppe 1« (Foto Vogler)

Seite 154: »Liturgische Nacht«, bei der Austeilung von Brot und Wein (Foto Vogler)

Fotoquellen:

Die Abdrucke erfolgten mit freundlicher Erlaubnis der Fotografen:
Dieter Eichhorn, 6101 Reinheim, Am Bremelsberg 22
Hans Lachmann, 4 Düsseldorf-Urdenbach, Jägerei 15
Hartmut Vogler, 43 Essen-Bredeney, Ruschenstraße 6